逃顶是个技术活

TAO DING SHI GE JI SHU HUO

逃顶十二招

亚柏专业理财机构◎著

SPM
南方出版传媒
广东经济出版社
—广州—

图书在版编目（CIP）数据

逃顶是个技术活：逃顶十二招/ 亚柏专业理财机构著．—广州：广东经济出版社，2016. 10

ISBN 978 - 7 - 5454 - 4837 - 5

Ⅰ. ①逃… Ⅱ. ①亚… Ⅲ. ①股票投资 - 基本知识 Ⅳ. ①F830. 91

中国版本图书馆 CIP 数据核字（2016）第 223268 号

出 版 人：姚丹林
责任编辑：蒋先润
责任技编：许伟斌
装帧设计：汪要军

出版发行	广东经济出版社（广州市环市东路水荫路 11 号 11 ~ 12 楼）
经销	全国新华书店
印刷	茂名市永达印刷有限公司 （茂名市计星路 144 号）
开本	730 毫米 × 1020 毫米　1/16
印张	12. 75　1 插页
字数	167 000 字
版次	2016 年 10 月第 1 版
印次	2016 年 10 月第 1 次
书号	ISBN 978 - 7 - 5454 - 4837 - 5
定价	36. 00 元

如发现印装质量问题，影响阅读，请与承印厂联系调换。
发行部地址：广州市环市东路水荫路 11 号 11 楼
电话：（020）38306055　37601950　邮政编码：510075
邮购地址：广州市环市东路水荫路 11 号 11 楼
电话：（020）37601980　营销网址：http://www.gebook.com
广东经济出版社新浪官方微博：http://e.weibo.com/gebook
广东经济出版社常年法律顾问：何剑桥律师

目　录

前言

每天一招，十二天掌握所有逃顶秘诀

“会买，不会卖，买对的股票握不住，该赚不赚，买错的股票握得紧，小亏变大亏”，这就是绝大多数股民的典型写照，为什么这些投资者最终会这样？那是因为他们不知道股票的阶段性顶部在哪里，不知道应该在什么时候卖出。因为不知道股价的阶段性顶部特征，所以失去了最佳和次佳卖出机会。逃顶涉及卖出，“会买的是徒弟，而会卖的才是师傅”，这句话你可能听了上千遍了，但是你又是否真正地理解这句话的含义呢，更为重要的是你身体力行地去做到“会卖”了么？

抄底技术可能比逃顶技术更能吸引广大股民，因为人类的天性就是倾向于控制，买入的过程可以帮助股民获得一种虚幻的控制感，而卖出则是一种舍弃，好像是失去了控制感。其实，卖出是为了更好地控制风险而作出的明智决策。如果说学习股票操盘有什么秘诀的话，那就是想学会防守，再去学进攻，知道何时应该放手，这就是最好的防守之道，放手并不代表失去控制，并不代表放弃控制，而是为了更好地控制，限制住风险的同时，让利润继续发展。如果你卖出的价位经常都离阶段性顶部很远，则你要么过早兑现了利润，丢失了更多的利润空间，要么你过晚地兑现了亏损，丢失了更多的本金。

顶部逃离涉及三个方面的因素，第一是心态，第二是技术，第三是行情。我们依次对这三个因素进行分析。心态是一个比较缥缈和抽象的概念，对于散户而言，心态是一个可以言说和批判，但是却很难具体去操作和管理的因素。要想逃顶，必须在心态和观念上有一些准备和改进。散户倾向于在刚刚获利的时候马上卖出，更倾向于在出现浮动亏损的时候继续持仓直到“股价自动恢复到不亏损状态为止”。为什么人会这样呢？这个话题说开去就比较学术化了，这本小册子全部来讲这个问题也不够篇幅。对于广大股民而言，我们要知道一个道理：舒服的做法往往不是有效的做法！很多时候我们炒股要赚钱需要逆着自己的内心状态而行，散户的天然心态往往导致的都是亏损，之所以出现 2006—2007 年普遍赚钱的情况，那是因为很多人都是纸面上的，关键的问题是——最后卖出的时候又剩下几个散户是赚钱的呢？心态上的问题很多，绝大多数时候你都可以用确定性的具体卖出规则，也就是逃顶规则来控制你“失败的内心”。心态和观念是密切相连的，心态属于来去无踪的一类，而观念则属于隐藏至深的一类，心态可以自我控制，通过遵守买卖规则来制约心态的负面作用，而观念则很难排除其影响。为什么会这样呢？某些炒股观念对你的影响直接决定了你选取和遵守什么样的买卖规则，如果你都排除和放弃，甚至违背了某些正确的买卖规则，那还谈得上用规则去制约心态么？所以，观念上的错误使得很多散户从踏入这个战场的那一刻就已经成了输家。输家失败的地方可以不是心态，可以不是技巧，而肯定是观念，经常亏损但是还能最终盈利的炒家赢在观念，但是最终亏损的那些占股民绝大多数比率的人则绝对在炒股的观念上有严重缺陷而不自知，炒了 10 年的股票还是亏多赚少。一个熊市，让他们胆小起来，接着的牛市赚了点小钱就跑了，根本不知道大致可能的逃顶信号还没有来到；一个牛市，让他们胆大起来，接着的熊市亏了大钱也不跑了，根本不知道大致可能的逃顶信号早就发出了。

什么是正确的炒股观念？其实，就一个“卖永远比买重要”，知道如何卖，如何逃顶，才能谈得上亏小钱，赚大钱。不管你选股的方法有多神奇，不管你抓涨停有多准，如果你不知道这波行情走到什么状态就差不多了，那你永远都是输家，该赚大钱的时候赚小钱，该赔小钱的时候赔大钱，甚至把老本一元赔进去了。

知道了“会卖的是师傅”，知道“逃顶技术的重要性”，有了这些正确的观念，掌握起逃顶技术就容易了。逃顶技术主要应该包括价量关系，同时对于新手而言趋势指标可以帮助理清一些不确定的因素，起到提示的直观作用，而振荡指标可以帮助初学者更快定位市场参与大众短期的情绪变化。当股民的经验达到一定程度的时候，股价和成交量成为主要的观察对象，指标就渐渐淡化了。逃顶技术主要集中于股价的顶部异动形态、提醒散户处于防御姿势的信号，以及成交量异常大量等。技术上我们以“兼听则明，综合研判”为主要原则，就是说通过观察多个不同来源的信号来确认可能的顶部，然后作出完备的退出路线图，卖出在我们这本逃顶秘籍中并不是一蹴而就的，除了经过一些有序的行情走势分析之外，卖出操作也需要一些步骤来完成，通常卖出不是一次完成的，最好分成两次，这样可以避免错判而踏空行情，也可以避免市场无序波动带来的空头陷阱。

逃顶的具体技术和流程在本书正文部分会提到，这里我们接着谈逃顶成功与否的第三个因素行情。心态是炒家内在的环境，而行情则是炒家面临的外在环境，技术则是心态和行情的交界处。行情如果一直单边上涨，绝大多数散户也赚不了钱，行情如果一直单边下跌，绝大多数散户却会最大限度地亏钱，振荡走势是散户最喜欢的行情，因为这种行情中他们觉得踏实，虽然他们口头上对牛市趋之若骛，但是处在真正的牛市中他们往往会恐惧，特别是有一些被套经验的老股民。行情一般以不利于绝大多数散户账户的方式发展，这就是股票市场最大的玄机，你掌握到这个玄机与否，是你能不能成为股市高手的关键。行情中有一些联动，比如板块，比如大盘，对于板块的联动我们逃顶技术中尚无深入展开的必要，主要是大盘对个股顶部的影响需要详述一番。中国股市还是“一荣俱荣，一损俱损”，大盘不好，个股好的概率和程度都很小。

那么，股指的顶部有什么样的特点呢？那么股指顶部的蜡烛线有什么特点呢？通过对上证指数和沪深300指数长达数年的统计，我们发现在指数的阶段顶部都会出现实体非常大的阴线，也就是高位大阴线，或者是上影线非常长的流星K线，如图1所示。理想情况下的指数顶部成交量特征是这样的，首先出现典型的量价顶背离，同时在高点出现大阴线和相应的成交量放大，这种现象意味着机构集体出逃，最后出现特殊的量价顶背离，然后股指开始正式下跌。在进行股指顶部研判时，我们需要从三个角度入手，通过不同的信号来相互验证，过滤虚假信号。这三个角度是蜡烛图，成交量和技术指标。蜡烛图反映了股指走势，而成交量图反映了股指走势的力度，而技术指标则是简明清晰地反映了走势和力度。

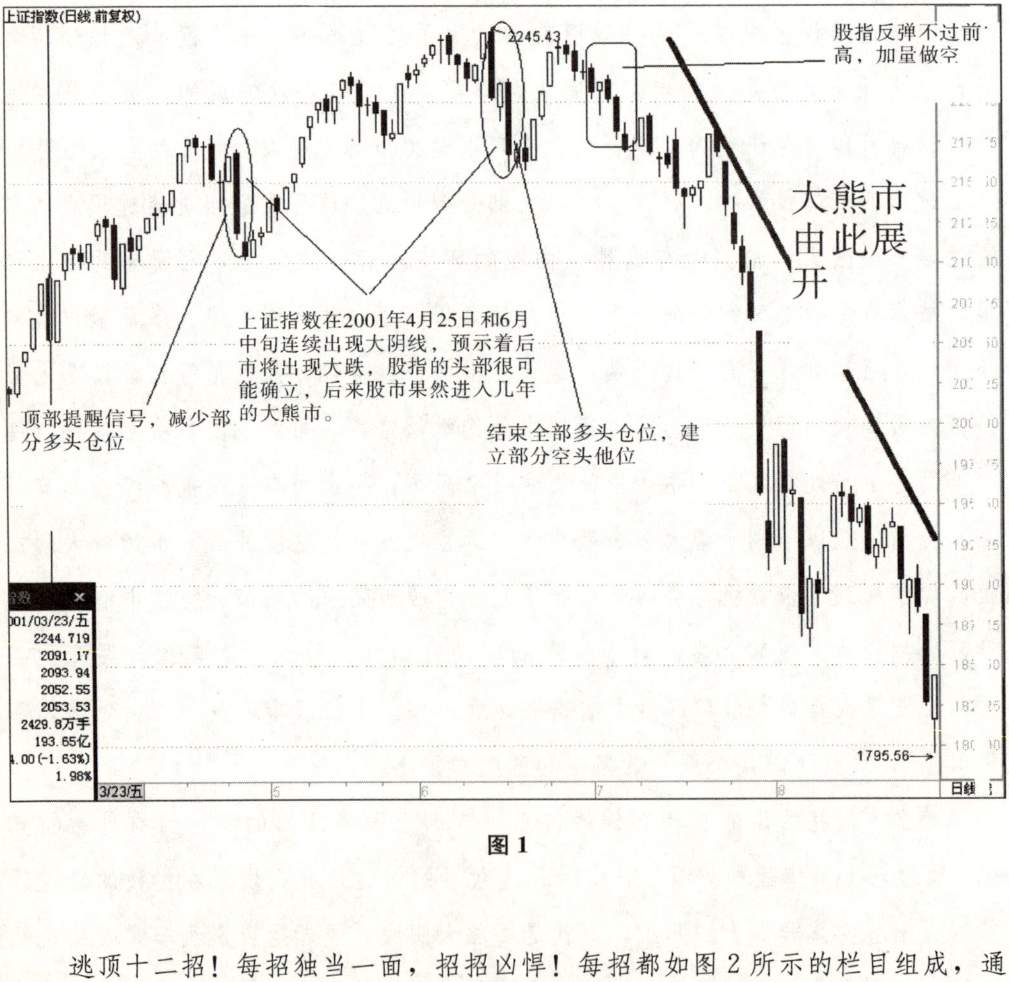

图 1

逃顶十二招！每招独当一面，招招凶悍！每招都如图 2 所示的栏目组成，通过阶梯式的学习，你能够很快地掌握完美逃顶的基本要诀，再结合深入的实战经验累计，便能“运筹于帷幄之中，决胜于千里之外”，成竹在胸，笑看股市风云起！

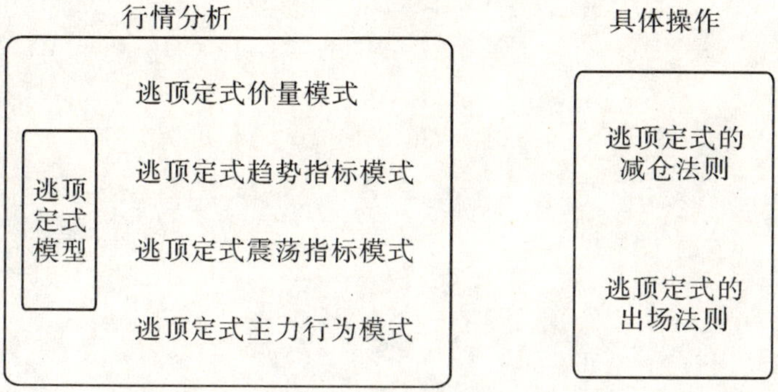

股市短线大赢家完美逃顶的七步秘法

图 2

亚柏专业理财机构
2010 年 1 月

第一招 顶部背离

★ 精髓提要

七步完美逃顶路线图之“顶部背离”

逃顶第一步 “顶部背离” 逃顶定式模型
逃顶第二步 “顶部背离” 逃顶定式价量模式
逃顶第三步 “顶部背离” 逃顶定式趋势指标模式
逃顶第四步 “顶部背离” 逃顶定式振荡指标模式
逃顶第五步 “顶部背离” 逃顶定式主力行为模式
逃顶第六步 “顶部背离” 逃顶定式的减仓法则
逃顶第七步 “顶部背离” 逃顶定式的出场法则

逃顶对于绝大多数人而言都是一个“梦想”，之所以这样是因为只有极少的人去思考过“如何”这个层面，最终能够持之以恒地去实践和完善逃顶技术的散户更是极少数。从本章开始，我们就从一个一个具体的逃顶技巧入手，慢慢让大家吸收和掌握“如何逃顶”的要诀，刚开始你的眼界还比较狭窄，同时下手也很犹豫，无论买卖你总是处于非常尴尬的地位，特别是对于卖出你显得非常不在行。

阶段性顶部是我们主要的研判方向，对于绝对顶部，我们认为它们一般隐藏在某个阶段性顶部中，但是事前很难准确地指出。通过更加有效地识别阶段性顶部，我们可以做得更好，你们目前要做的就是牢记本书十二招顶部形态的特征和退出要点。从本章开始，我们就开始逐一从多个角度和步骤介绍股票顶部的特征和操作，我们这里首先介绍的是“顶部背离”逃顶定式的操作要点。

浦发银行逃顶第一步

【“顶部背离”逃顶定式模型】

在沪市中，浦发银行是相当重要的一只股票，我们这里以它作为实例，看看怎么利用“顶部背离”在该股的波段高点及时卖出。如图1-1所示，浦发银行一路上扬，上涨到A处形成了一个顶部，此时对应的动量指标MACD（有时也作为趋势指标，这个要看个人具体的交易理念和策略而定），则形成了C顶。经过短暂调整之后，股价创出新高B点，与此对应的动量指标MACD则形成了顶部D。这里要注意一个比较细节的地方，同时也是非常关键的地方，因为“背离”之意恰好是从这个地方出来的。这个关键细节就是股价的第二高点高于第一个高点，而MACD的第二个高点低于第一高点，换句话说就是股价创出新高，而MACD动量却是走低的，这就是股价和指标之间的顶背离。除了价标之间的背离之外，还有很多其他背离形式，比如价量背离，也就是股价和成交量之间的背离。一旦出现顶部背离则股价后市走跌的概率极大，注意这里是或然性的判断，而不是必然性的判断，所以见到顶部背离就要按照下跌预期去操作，同时预防小概率的上涨运动，这就是持仓和止损的结合了。

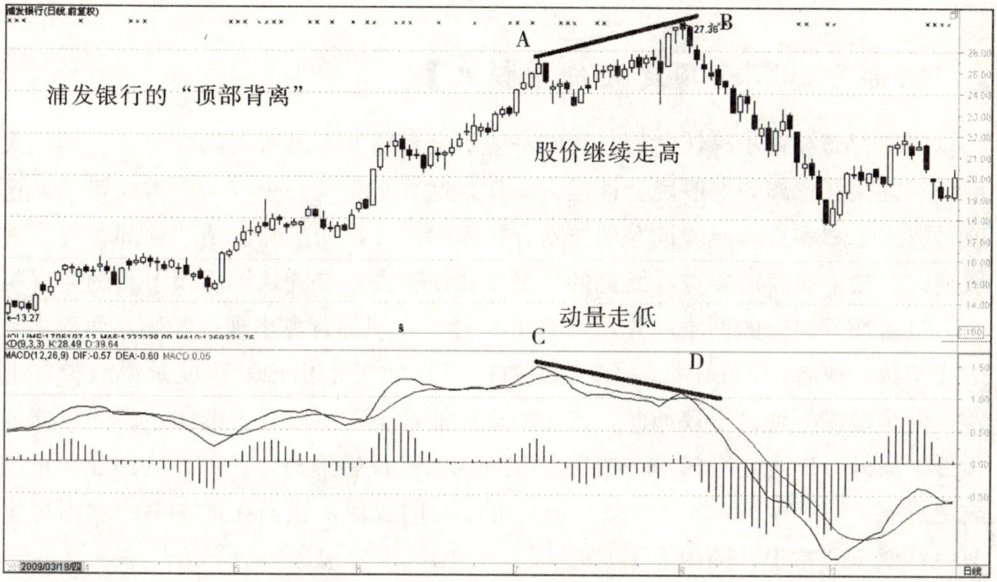

图 1－1　浦发银行的"顶部背离"

鉴别"顶部背离"的时候，要从股价和 MACD 指标线两个方面入手，通常很少有股票短线炒家注意背离的问题，因为这需要兼顾两个方面——股价和指标，同时还要兼顾前后——第一个顶部和第二个顶部，所以自然就很少为广大股民所注意。一旦你学会从背离的角度看待股价的走势，则你可以做到大多数情况下的成功逃顶。

浦发银行逃顶第二步

【“顶部背离”逃顶定式价量模式】

顶部背离被初步确认之后，我们一般不会轻易就卖出所有的仓位，当然绝大部分掌握顶部背离的老股民会这样去操作，这其实犯了一个较为严重的错误，这就是忽视了“多方参照验证”的技术分析原则。一旦初步确认了“顶部背离”一般模式，接下来就需要查看此刻的价量模式是否进一步确认了后市下跌的概率很大。接着浦发银行的例子展开，请看图 1－2，在顶部背离出现的时候，两顶之间的成交量，或者说两顶附近的成交量有阶段性的天量出现，这就是说股价往上蹿，但是动能不够，不仅如此，连主力也可能逃了，所以后市继续走高的可能性很低。另外，B 顶处的 K 线形态往往呈现为看跌反转形态，比如此处的变异早晨之星形态。（关于早晨之星形态的定义可以上网找找，我们在这本书中就不再重复一些属于“常识”的内容了）

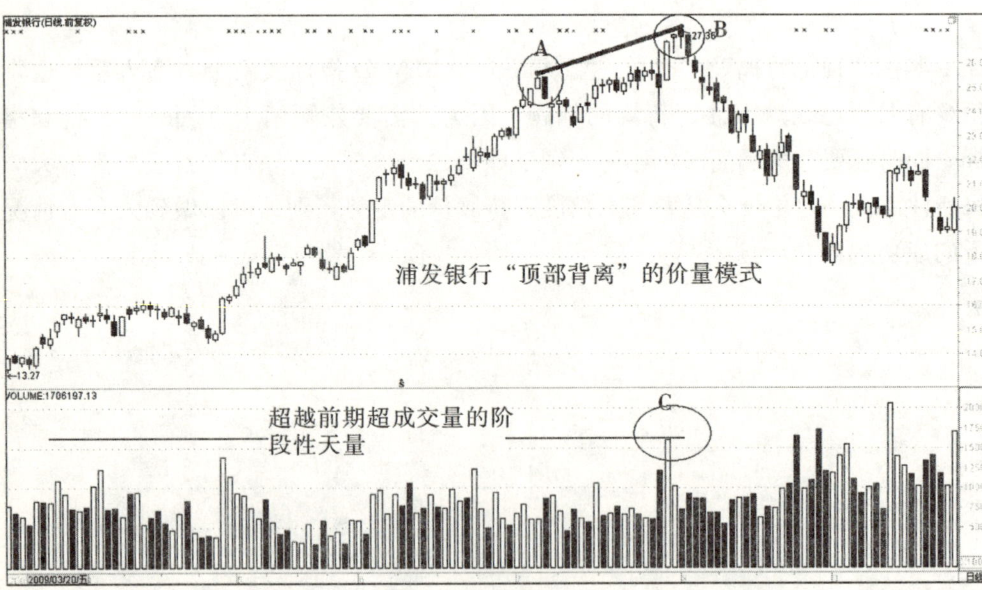

图 1－2 浦发银行“顶部背离”的价量模式

浦发银行逃顶第三步

【“顶部背离”逃顶定式趋势指标模式】

看了成交量和K线形态，这还不够，如果你要提高自己利用“顶部背离”逃顶成功的概率，则还需要进一步查看对应的趋势指标情势。就浦发银行的例子而言，如图1－3所示，一般而言，我们在进一步甄别“顶部背离”定式的时候会采用34日移动平均线，34是一个符合神奇数列的参数。可靠性高的顶部背离的第二顶之前不远处往往会出现跌穿34日移动平均线的情况，如图1－3所示。这说明中线炒家和主力可能已经在此股价跌破的过程中偷着出货了。

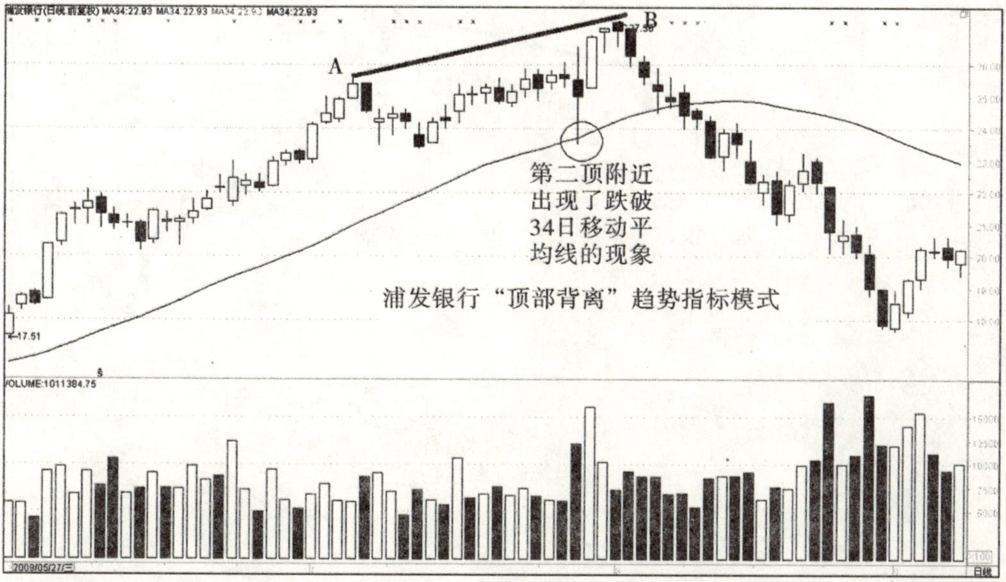

图1－3　浦发银行“顶部背离”趋势指标模式

浦发银行逃顶第四步

【"顶部背离"逃顶定式振荡指标模式】

趋势指标告诉你后市方向性的问题，而振荡指标则告诉你目前市场的温度状况，也可以通过振荡指标知道市场目前所处的相对位置。上一步已经判断了浦发银行"顶部背离"定式的方向性问题，下面我们来看其振荡指标方面的确认方式，请看图1-4，当浦发银行股价出现顶部背离的时候，对应的第二个顶部，也就是图中的B点，其相应的振荡指标（本书采用KD指标，当然你可以采用其他常用的振荡指标，这个可以根据你的策略和情况来选择）往往处于超买区域。本例B点对应的振荡指标处于超买状态，同时出现了死叉倾向。就市场情绪而言，下跌的可能性比此前单独看价量和趋势指标又多了几分概率。

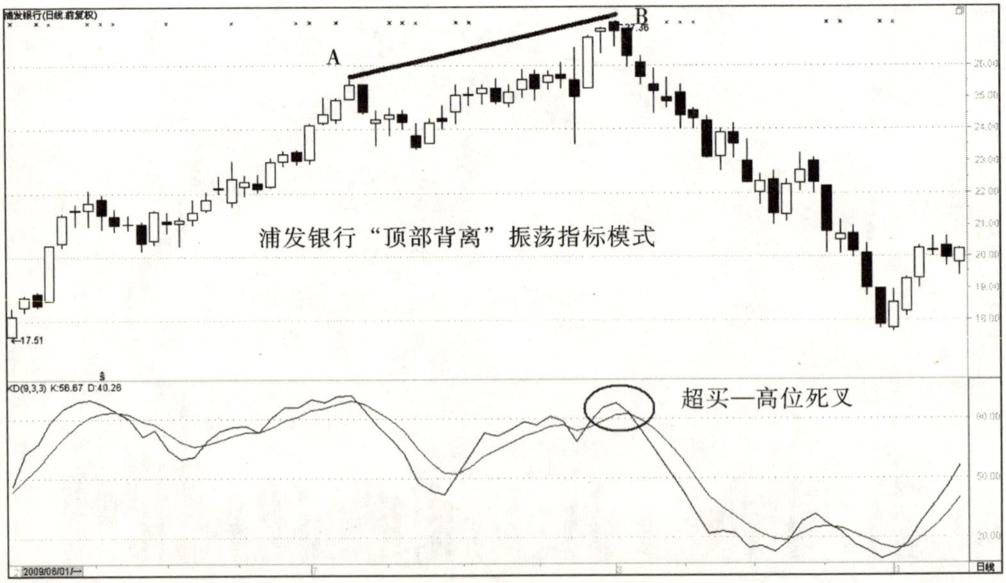

图1-4　浦发银行"顶部背离"的振荡指标模式

浦发银行逃顶第五步

【"顶部背离"逃顶定式主力行为模式】

光是看价格和指标进行判断容易走入"陷阱"，毕竟价格，特别是指标都是死板的，属于机械式的研判方式，很难随着市场性质和背景的变化进行调整，而个股走势的人为因素很重，特别是其中主力资金的动作对于股价的影响非常深远。无论主力操作者是遵循价值性投资，还是信奉短期坐庄性操纵，其资金量是影响行情走势的关键，所以跟踪主力的资金进出，研判主力的意图是成熟股民不可或缺的环节。光是懂简单的价量关系，单是懂所谓的K线战法，只把握各类技术指标，这在现在这个股市中根本无法生存，更谈不上获利了。"跟庄"是一个很时髦的词语，但是真正能够将"主力分析"纳入日常分析操作的股民却少之又少。

就浦发银行这个例子而言，请看图1-5，可以看到在股价上涨过程中，ABC三处都是放量之后，股价继续上涨，唯独D处是放量之后股价是下跌的，对比而言，ABC三处更像是主力在增持或者是拉升，而D处则更像是主力出货。ABC三处是主力在买入，散户在卖出，而D处则是主力在卖出，而散户在买入。由此看来，D处形成的顶部背离第二顶更像是这波上升行情的终点。

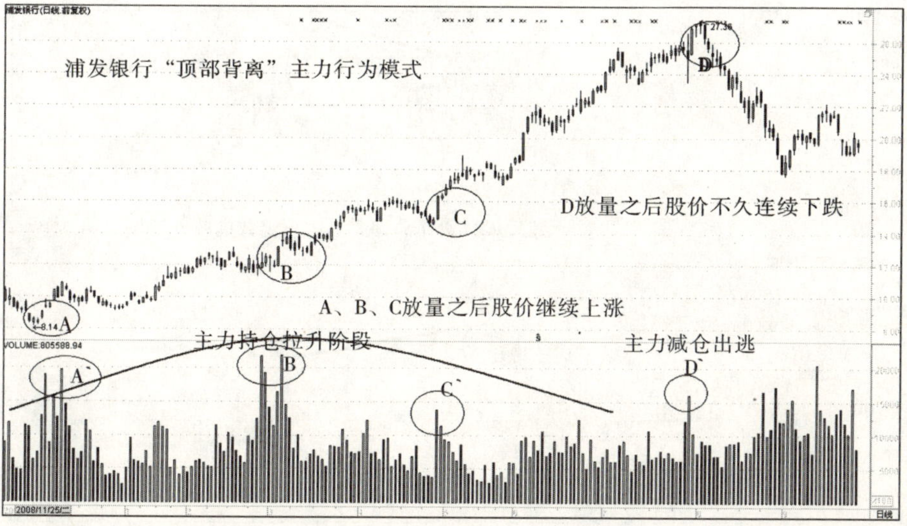

图1-5 浦发银行"顶部背离"的主力行为模式

浦发银行逃顶第六步

【"顶部背离"逃顶定式的减仓法则】

初步确认了浦发银行的"顶部背离"定式，从价量、指标、主力因素等角度进一步予以确认，整个行情分析的流程走完了，接下来需要做的就是如何去操作。分析是个基础，操作才是关键，这恐怕是绝大多数散户都没有搞清楚的问题。你去问散户，他们在做什么，他说在炒股，其实是在分析，他们将行情分析当作操作本身，所以一开头就错了，错得不浅。逃顶我们会分两大步展开，第一是分析，第二是操作。操作也是两小步，我们不会像绝大多数散户那样死板——要么全捏在手里，要么全部抛出去。我们走中庸之道，不那么极端，因为市场往往处于反复的涨跌中，没有任何炒家有足够的把握来应付未来的走势，所以分仓进出是比较好的策略。浦发银行的第一次卖出是在股价跌破第一顶的时候，如图1-6所示，这时候卖出1/2到2/3的仓位，如图中E处所示。一般跌破第一顶就表明趋势发生变化的可能性非常大了，从某些技术分析理论来讲就是一个"多头陷阱"被确认了，这时候卖出是明智的选择。但是，市场是千变万化的，市场中的操作只有相对的，没有绝对的，所以先卖出一部分，再观望一下是更为明智的选择。

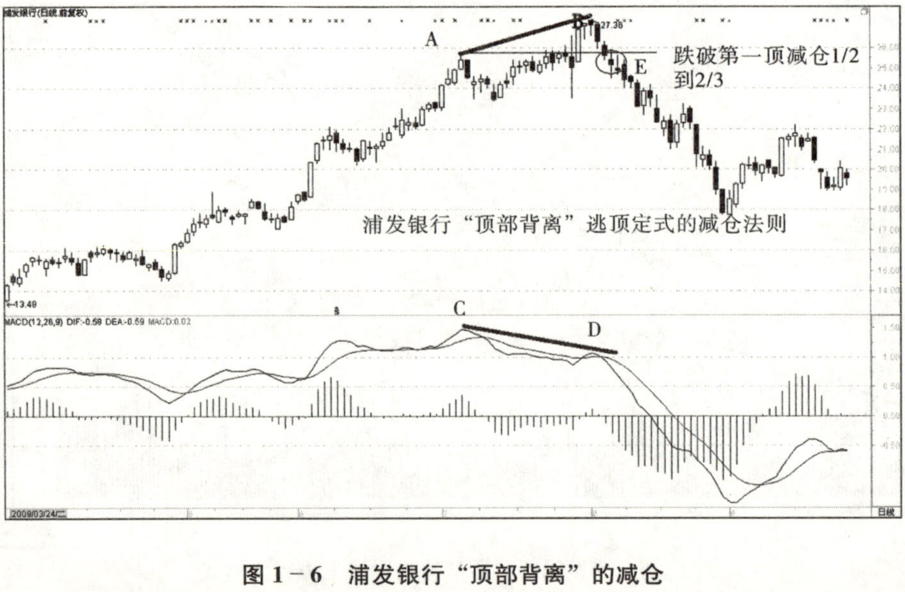

图1-6 浦发银行"顶部背离"的减仓

浦发银行逃顶第七步

【“顶部背离”逃顶定式的出场法则】

浦发银行卖出一部分后，留了一部分，这使得炒家在面对两种情况的时候都能很好地应对，当股价转而上升，炒家手中还持有部分仓位，所以不会有后悔感，当股价继续下跌，炒家已经卖出了部分仓位，同样不会后悔。分仓进出既符合了市场运动的某些特征，也符合了炒家心理的某些特征。请看图1－7，当浦发银行的股价继续下跌，跌破两顶之间的最低价时，就应该清空所有筹码，也就是说在F点应该全部卖出。

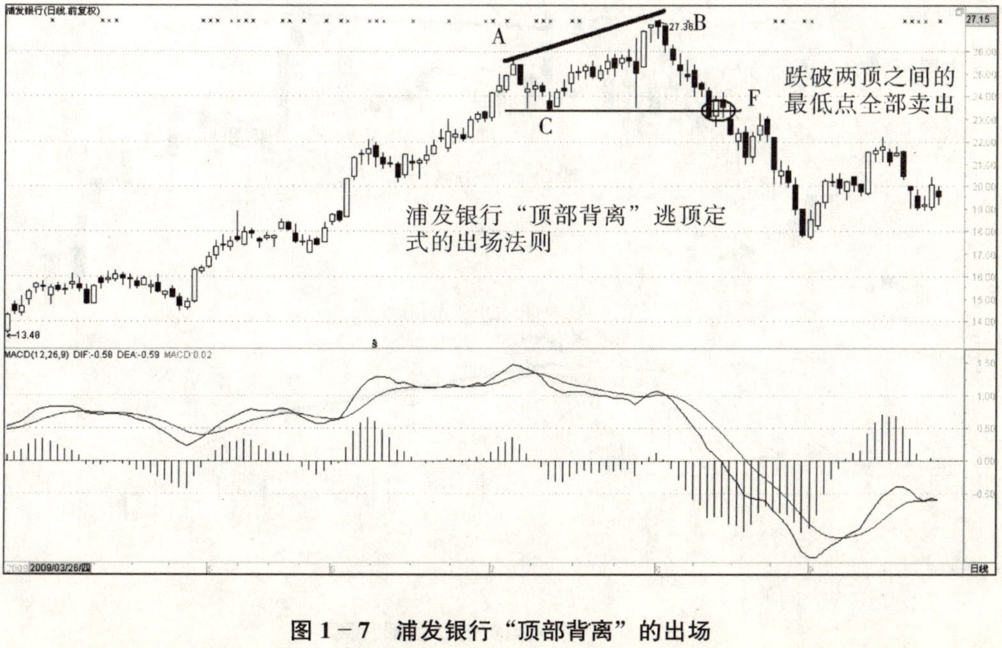

图1－7　浦发银行“顶部背离”的出场

中国国贸逃顶第一步

【“顶部背离”逃顶定式模型】

光有一个例子无法证明什么，也无法清楚说明什么，要想掌握“顶部背离”的全部技术要领至少要琢磨十来个真实的案例，同时自己实际操作几十次，这恐怕是一本书无法满足的，所以我们这里再介绍一个实例，大家循着这个轨迹去摸索应该更容易成功。第二个“顶部背离”逃顶实例是中国国贸，如图1-8所示，股价从8.63附近的低位上扬，达到A处后开始调整，然后创出新高，从B点开始回落，对应的动量也先后创出两个高点——C和D，但是与AB逐渐走高不同，CD是逐渐走低的，这就是说中国国贸的股价虽然创出新高，但是对应的动量指标却逐渐走低。也就是说中国国贸的“顶部背离”被初步确认了。

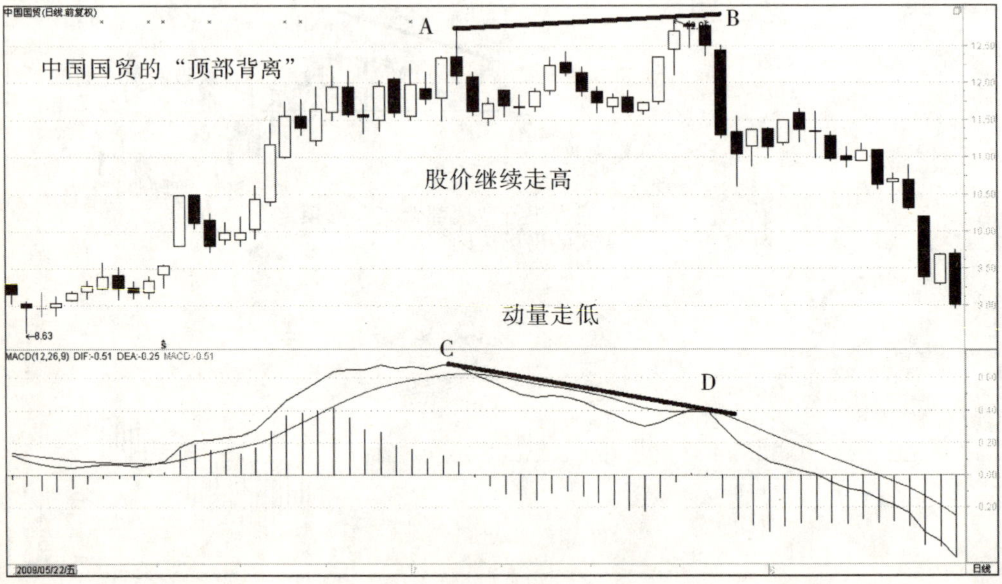

图1-8　中国国贸的“顶部背离”

中国国贸逃顶第二步

【“顶部背离”逃顶定式价量模式】

初步确认了中国国贸的“顶部背离”形态，接下来我们应该对相应的价量关系进行分析，如图 1－9 所示。在第二顶部之前不远处，成交量放出了阶段性的天量，这就初步表明了后市看跌的最大可能，于是从价量模式的角度进一步确认了中国国贸“顶部背离”的存在，也提出了进一步验证该模式可靠性的要求。

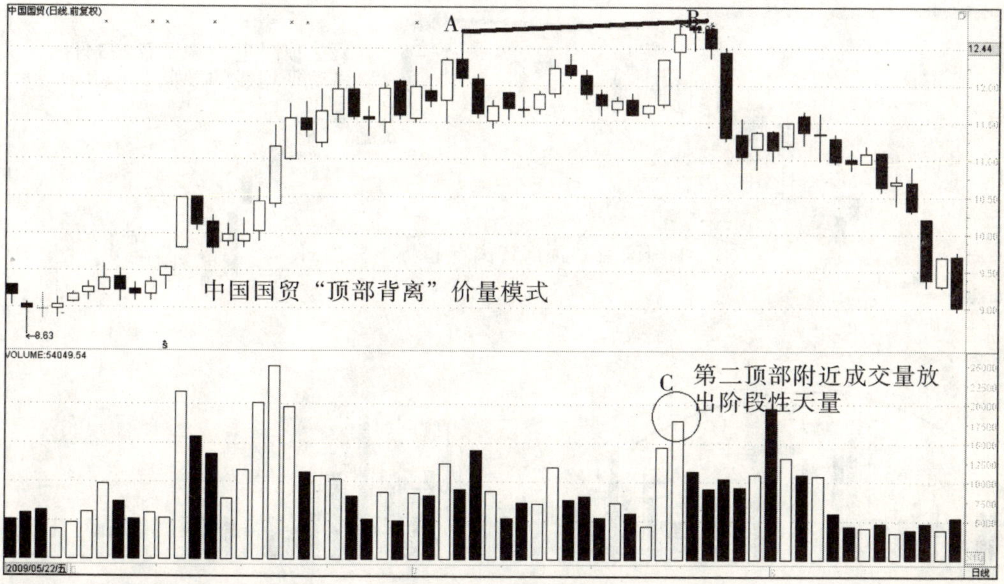

图 1－9 中国国贸“顶部背离”的价量模式

中国国贸逃顶第三步

【"顶部背离"逃顶定式趋势指标模式】

光是查看价量模式，可能存在较大的主观任意性，所以应该将技术指标作为必要的补充手段，不少炒家都以技术指标作为分析研判的主要手段，毕竟这些工具比较容易掌握，机械的成分多一些，经验的成分少一些。从价量的角度确认中国国贸的"顶部背离"之后，我们就应该进一步从趋势指标的角度去分析，请看图1－10。在第二顶形成的过程中，股价基本在34日移动平均线附近运动，最终还跌破了该移动平均线，当然这次跌破更可能发生在你卖出部分仓位之后，但是这进一步验证了此前你的判断。

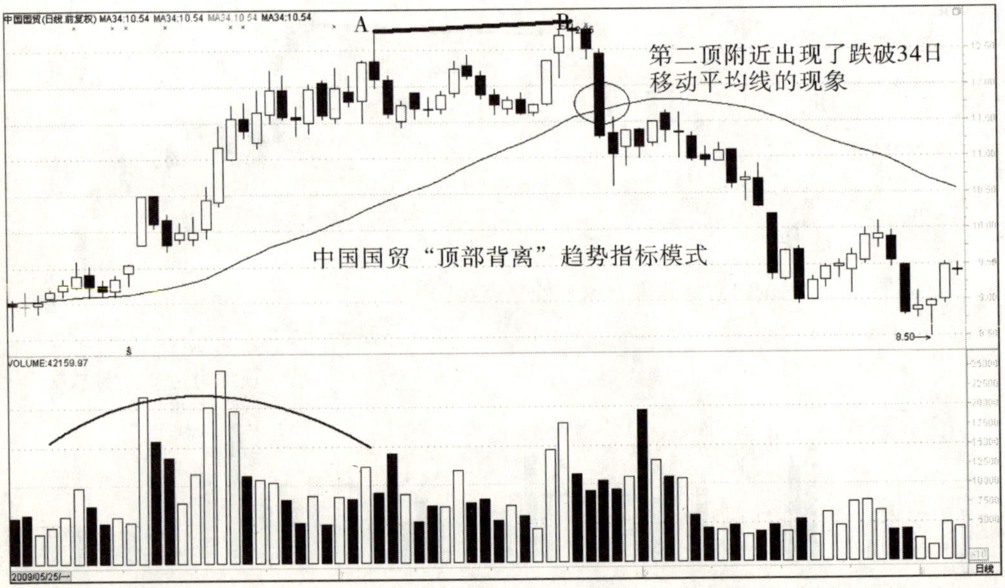

图1－10　中国国贸"顶部背离"的趋势指标模式

中国国贸逃顶第四步

【“顶部背离”逃顶定式振荡指标模式】

趋势指标和振荡指标是一对互补和互斥的范畴，看了趋势指标就不能不看振荡指标，请看图1-11。中国国贸在构筑第二顶的时候，振荡指标KD接近于前期的高点，也靠近超买区域，当然对于它来讲这其实就是其特定的超买区域了，这表明此后股价进一步下跌的可能性更大。

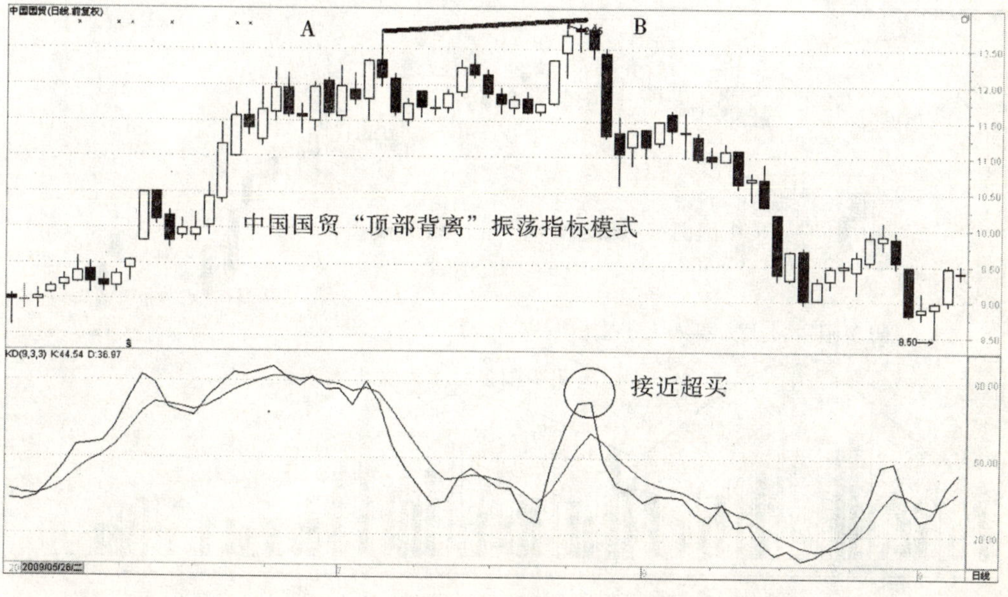

图1-11 中国国贸“顶部背离”的振荡指标模式

中国国贸逃顶第五步

【“顶部背离”逃顶定式主力行为模式】

看了价量，看了指标，还要看主力，股要有庄才灵，找不到你操作股票的庄你就炒股，就像丢了魂一样。对中国国贸进行主力分析，如图 1－12 所示。在股价上涨的过程中，阳线总是占多数，阴线占少数，这表明主力的卖出应该小于买入，这个阶段主力是在洗盘和吸筹拉升。到了“顶部背离”的阶段，阳少阴多，主力出货的可能性更大，所以“顶部背离”之后继续下跌的可能性更大。

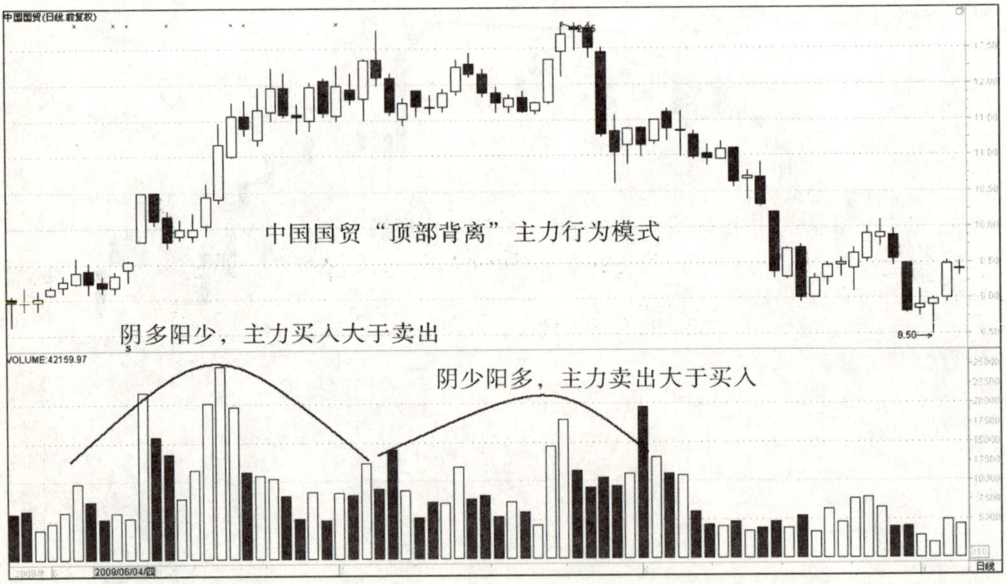

图 1－12　中国国贸“顶部背离”的主力行为模式

中国国贸逃顶第六步

【“顶部背离”逃顶定式的减仓法则】

全面确认了中国国贸的“顶部背离”定式之后，接下来就是具体操作的问题了，请看图 1－13 所示。当中国国贸股价跌破第一顶最高价时就应该卖出大部分仓位，一般是 1/2 到 2/3 仓位，这时候可以当作是利用了“多头陷阱”。

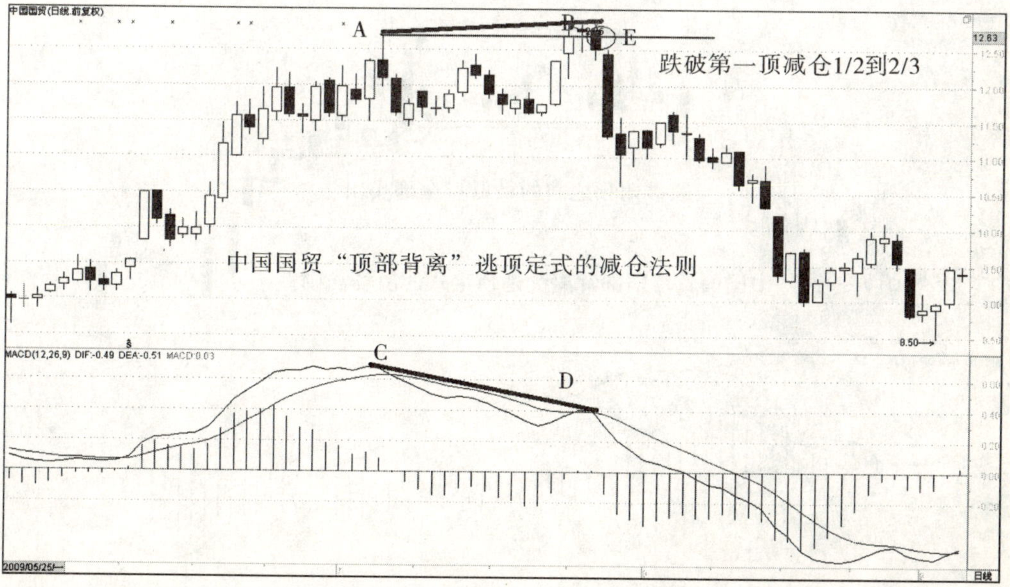

图 1－13　中国国贸“顶部背离”的减仓

中国国贸逃顶第七步

【“顶部背离”逃顶定式的出场法则】

减仓但是不全部平仓，这是进退得当的策略，让炒家处于积极主动的位置。中国国贸减仓之后，如果股价转而回升，则继续持仓，等到下一个减仓信号，如果股价继续下跌，如图 1-14 所示，跌破了两顶之间的最低价位，则需要卖出所有的仓位。具体而言，当中国国贸的股价跌破两顶最低点时，炒家应该在 E 处卖出其所有的头寸。

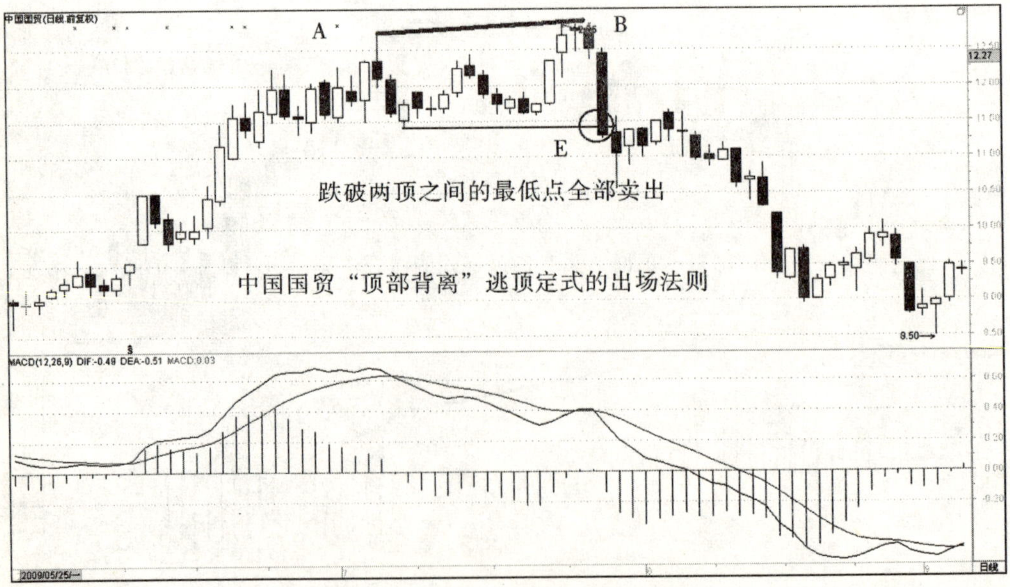

图 1-14　中国国贸“顶部背离”的出场

◇ 完美逃顶“真传一句话”秘籍

逃顶并不容易，不容易并不意味着不能。很多炒家之所以逃顶失败是因为他们心中“没顶”，或者说没有一个清楚的关于顶的定义。逃顶之前首先要清楚地明白什么是顶，这是逃顶的重要前提。

逃顶实操全记录

（请你动脑和动笔运用本招的要诀在近期 A 股中实践逃顶理论）

股票名称或者代码

分析和操作日期

逃顶第一步 “顶部背离”逃顶定式模型

逃顶第二步 “顶部背离”逃顶定式价量模式

逃顶第三步 “顶部背离”逃顶定式趋势指标模式

逃顶第四步 “顶部背离”逃顶定式振荡指标模式

逃顶第五步 “顶部背离”逃顶定式主力行为模式

逃顶第六步 “顶部背离”逃顶定式的减仓法则

逃顶第七步 “顶部背离”逃顶定式的出场法则

操作结果和总结

第二招　两阴防守

★ 精髓提要

七步完美逃顶路线图之"两阴防守"

逃顶第一步　"两阴防守"逃顶定式模型
逃顶第二步　"两阴防守"逃顶定式价量模式
逃顶第三步　"两阴防守"逃顶定式趋势指标模式
逃顶第四步　"两阴防守"逃顶定式振荡指标模式
逃顶第五步　"两阴防守"逃顶定式主力行为模式
逃顶第六步　"两阴防守"逃顶定式的减仓法则
逃顶第七步　"两阴防守"逃顶定式的出场法则

如果说"顶部背离"是教我们如何做到先知，属于左侧交易，那么"两阴防守"则教我们如何做到后觉，属于右侧交易。不能说左侧交易好，也不能说右侧交易差，各有各的优势，先知犯错的可能性更高，后觉虽然犯错的可能性下降了，但是丢失机会的可能性增加了。"两阴防守"属于最为简单但是最为有效的机械式逃顶方法，显得很笨，但是绝对是最符合"截断亏损，让利润奔腾"的炒股出场策略。

包钢股份逃顶第一步

【“两阴防守”逃顶定式模型】

你拿任何一只股票的当前行情走势图都可以发现“两阴防守”的普遍适用性，这可能让你感到吃惊，不过却很符合“大道至简”的原理。我们这里以包钢股份为例，请看图2-1。在上涨过程中，当连续两根K线是阴线的时候，我们就应该在两根阴线的最低价位处放置出场点，此后股价触及则立即出场。但是，这个出场点是动态更新的，比如S1处是“两阴防守”，但是当S2处出场点设定时，S1处的出场点就失效了，而当S3出场点设定时，S2出场点就失效了。除此之外，一个新的出场点只在此后的5个交易日内有效，这也是需要注意的。我们这里来看被击穿的S3处，这是一个初步确认有效的“两阴防守”逃顶模式。

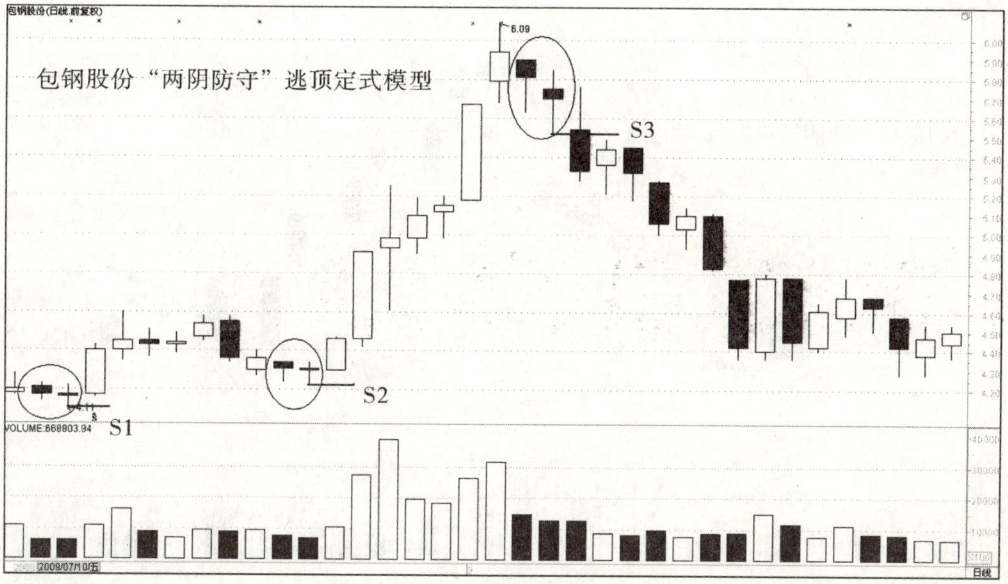

图2-1 包钢股份的“两阴防守”

包钢股份逃顶第二步

【"两阴防守"逃顶定式价量模式】

在包钢股份这个实例中，当股价跌破 S3 处的出场点时，我们如果要提高出场的胜算率，则还需要对几个方面进一步做考察，当然，你也可以仅仅根据跌破两阴最低价位这一事实作出卖出的决策。我们要考察的第一个方面是价量关系，请看图 2－2，一般要求跌破对应的成交量不太小，也不太大，太小表明卖家不愿意卖出，后市继续下跌的可能性极小，太大表明可能有主力趁低吸货，后市转而上涨的可能性更小。本例中，包钢股份跌破两阴最低价时的成交量比较正常，所以继续下跌的可能性很大。价量确认对于"两阴防守"定式的运用不是必需的，但是可以作为一个额外的考察项目。

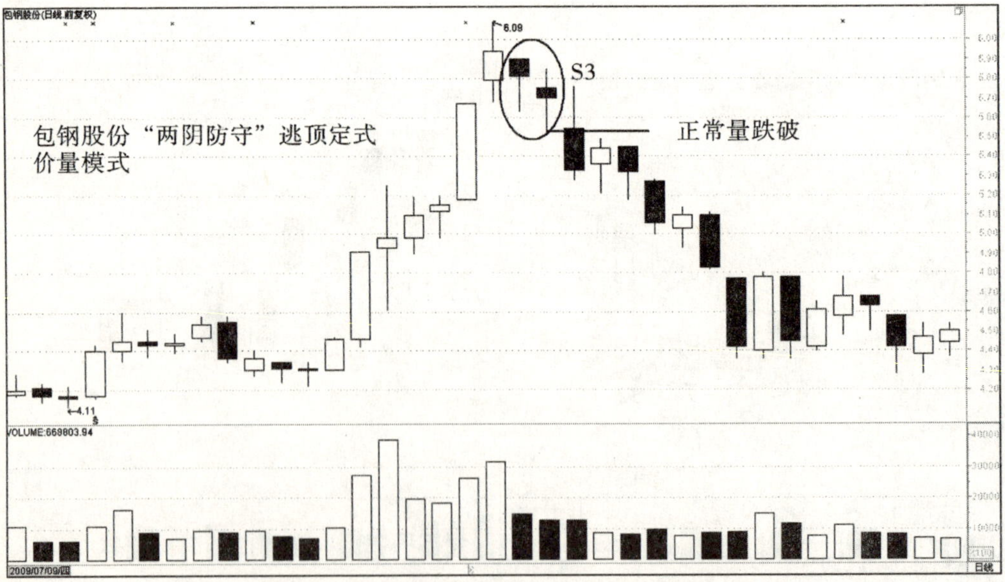

图 2－2　包钢股份"两阴防守"的价量

包钢股份逃顶第三步

【“两阴防守”逃顶定式趋势指标模式】

不管你采用什么逃顶定式和策略，看看趋势指标和振荡指标对于你的分析和操作总是有利的，因为它给予了一条新的信息渠道，可以帮助你比其他单一信息渠道炒家做得更好。请看图2－3，在“两阴防守”形成前后不久，如果股价跌破5日移动平均线，则表明从趋势的角度而言，继续下跌的可能性很大，采用“两阴防守”定式出场的可靠性很高。

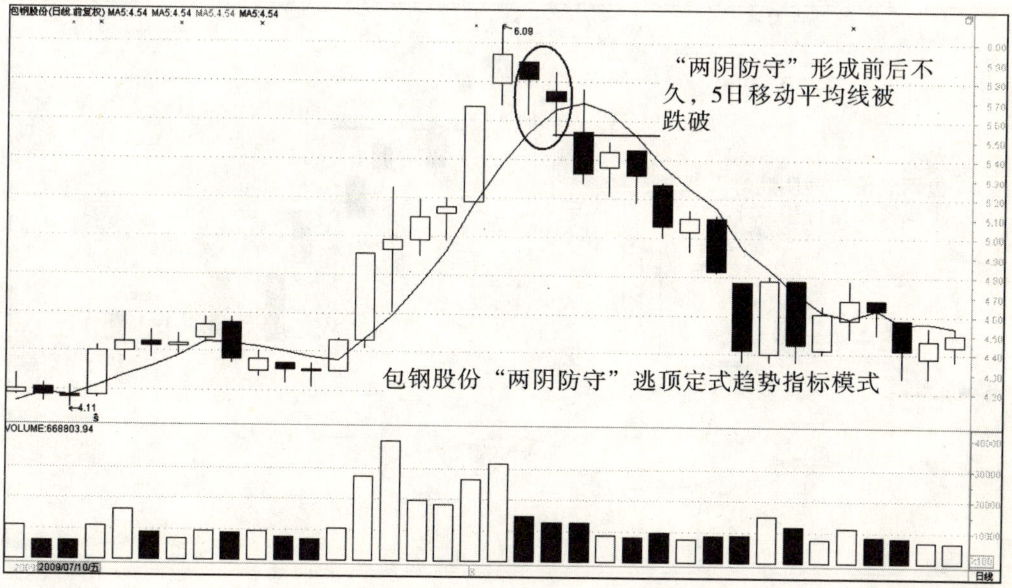

图2－3　包钢股份“两阴防守”的趋势指标模式

包钢股份逃顶第四步

【“两阴防守”逃顶定式振荡指标模式】

不看振荡指标，你就不了解市场当下的情绪和所处的相对位置，请看图 2－4。包钢股份在形成“两阴防守”的同时，对应的振荡指标也处于超买位置，并且也表现为死叉，这就是说从市场短期情绪的角度来看，股价进一步下跌的可能性很大。

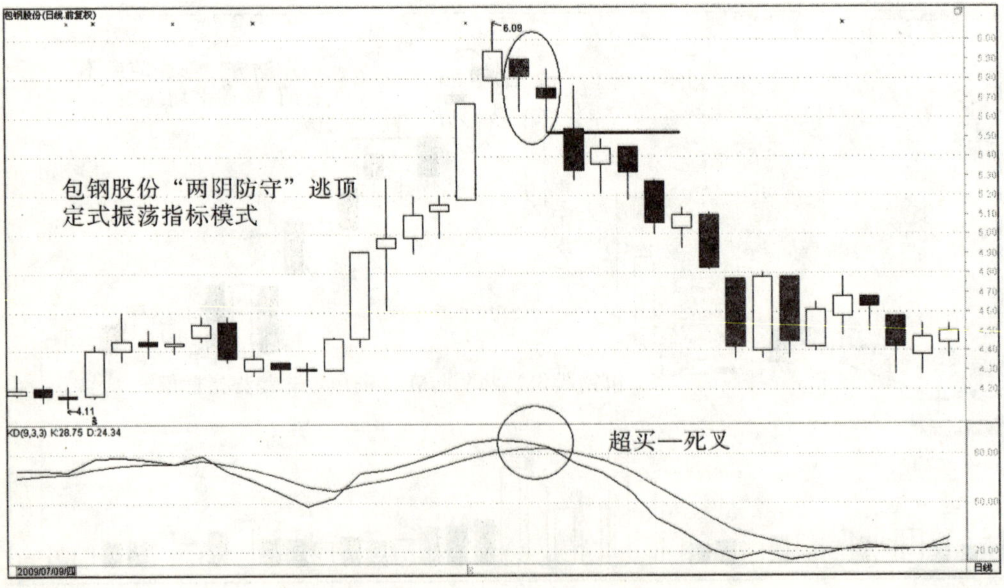

图 2－4　包钢股份“两阴防守”的振荡指标模式

包钢股份逃顶第五步

【“两阴防守”逃顶定式主力行为模式】

在“两阴防守”中主力的行为模式具有共同点，也具有特殊性，所以这部分分析偏向于经验，而不可能按照机械的方式展开。请看图2－5，当包钢股份的股价跌破两阴最低价的时候，前期追高的散户筹码基本被套，同时散户割肉卖出的可能性非常小，跌破时当然不可能放量了，此后进一步下跌的可能性更大，因为散户不出货，甚至想捡便宜会使得主力进一步出货的可能性增加。

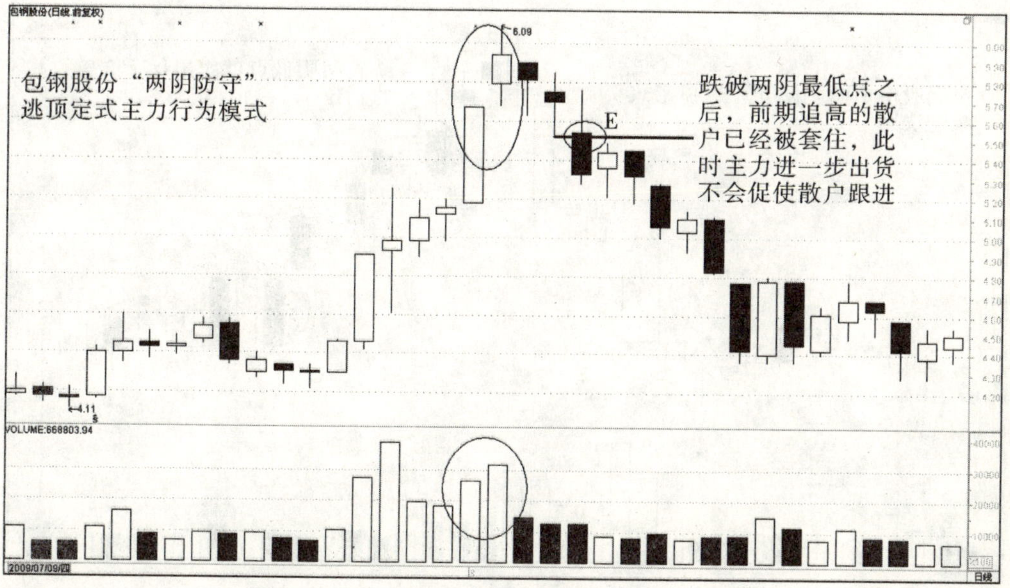

图2－5　包钢股份“两阴防守”的主力行为模式

包钢股份逃顶第六步

【“两阴防守”逃顶定式的减仓法则】

逃顶出场的第一步是确认什么是顶，但是光靠第一步一般还做不到，而“两阴防守”基本上第一步就能确认什么是可能的顶，这就是跌破两阴的最低价位。如果你比较倾向于简单高效，那么跌破两阴最低点的时候就可以卖出 1/2 到 2/3 的仓位了，如图 2-6 所示。图中的 E 点就是包钢股份跌破两阴最低价的位置，也是我们的卖出点，如果卖出点符合指标和主力等方面的分析，则可以酌情卖出更多仓位，这些都是炒家自己可以灵活把握的方面了。

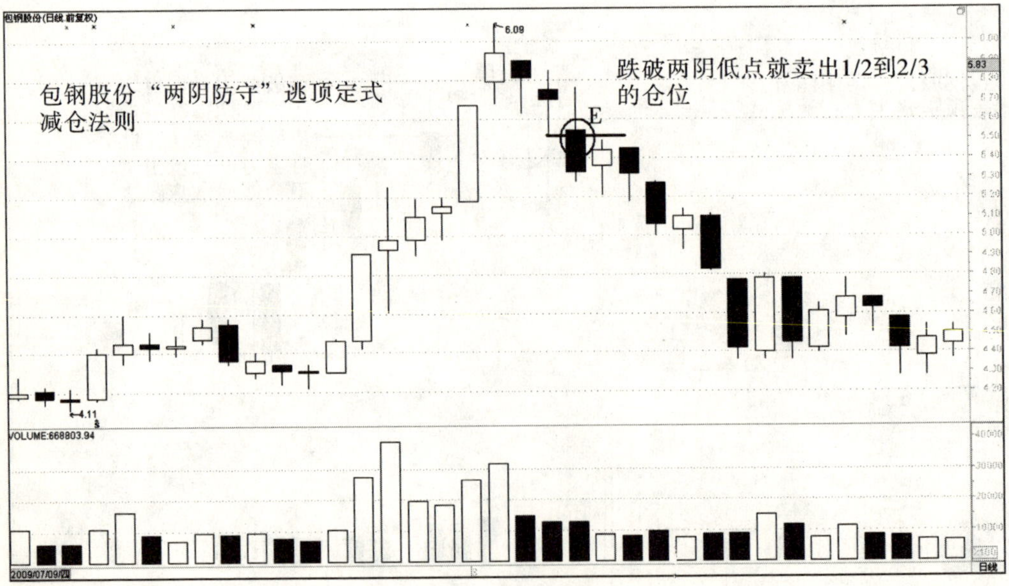

图 2-6　包钢股份“两阴防守”的减仓

包钢股份逃顶第七步

【“两阴防守”逃顶定式的出场法则】

减仓了，股价还是继续下跌，那么就只能继续减仓，这就是顺势而为的做法，如果你要低价买入，要么你是价值投资者，要么你就应该在上升趋势的调整阶段买入，而不是在下降趋势中买入。包钢股份如果跌破两阴最低价之后其收盘价也低于此最低价，则应该继续卖出，这里是全部卖出手中持有的包钢股份，如图 2－7 所示。

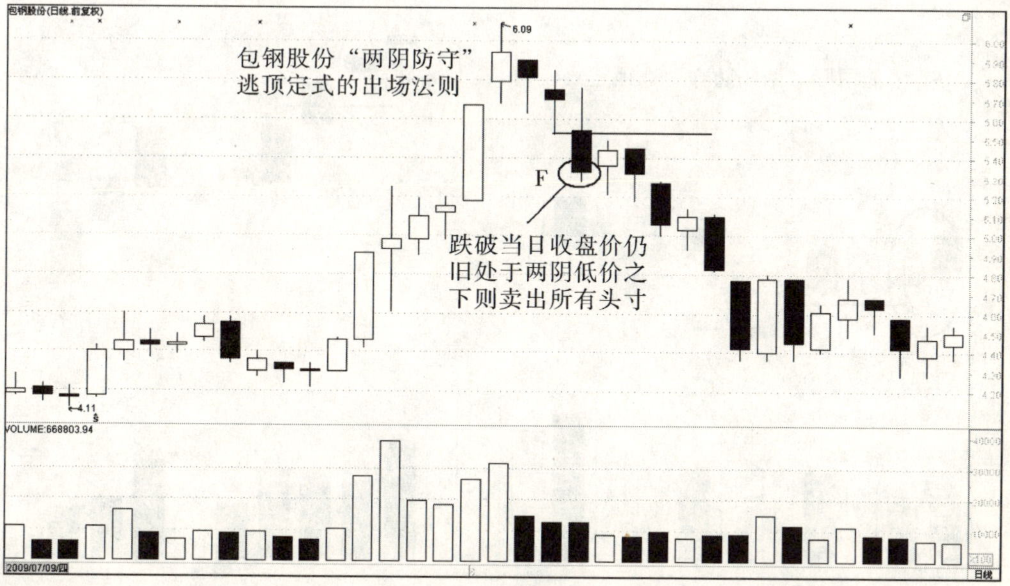

图 2－7　包钢股份“两阴防守”的出场

华能国际逃顶第一步

【“两阴防守”逃顶定式模型】

我们再来看第一个利用“两阴防守”逃顶的实例，请看图 2-8，这是华能国际的日线走势。股价形成了 S1 和 S2 两个“两阴防守”出场点。S1 这个出场点在超过 5 个交易日之后才被击穿，这是无效的击穿，当时股价一度下探到 7.83 元附近，但这并不符合“两阴防守”的出场规则。此后，股价达到 9.70 元之后出现了两根接连的阴线，构成了新的“两阴防守”出场点 S2，而且该点被有效击穿，逃顶点被确认了。

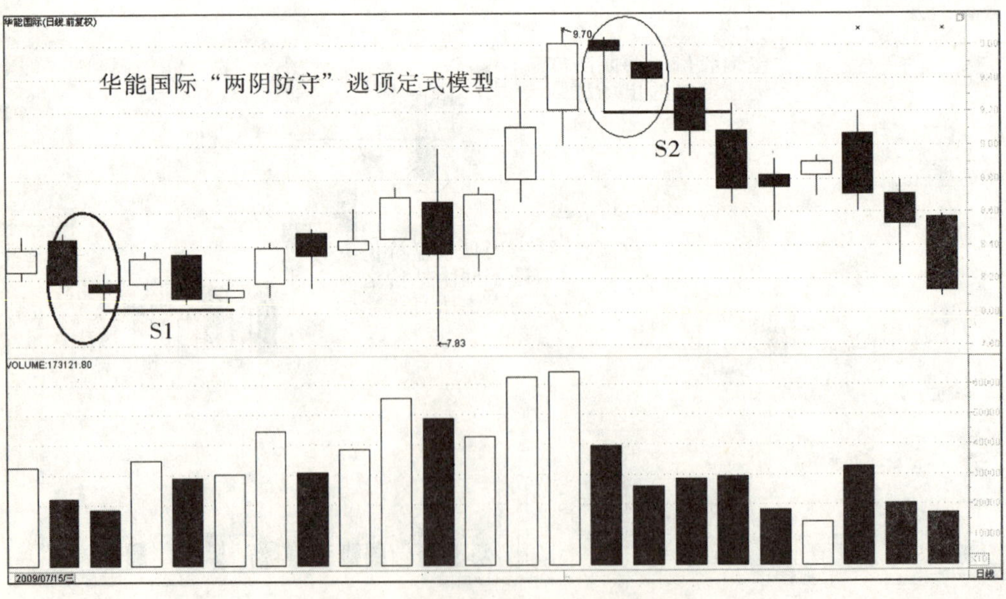

图 2-8　华能国际的“两阴防守”

华能国际逃顶第二步

【“两阴防守”逃顶定式价量模式】

确认“两阴防守”出场点之后，我们可以做一些额外的确认工作，帮助炒家提高胜算率和心理上的安全感。首先，我们从价量的角度予以确认，请看图2-9。华能国际跌破“两阴防守”构成的出场点时，其成交量并没有显著放大或者显著缩小，而是比较正常的量，也就是中间量，所以后市继续下跌的概率很大。

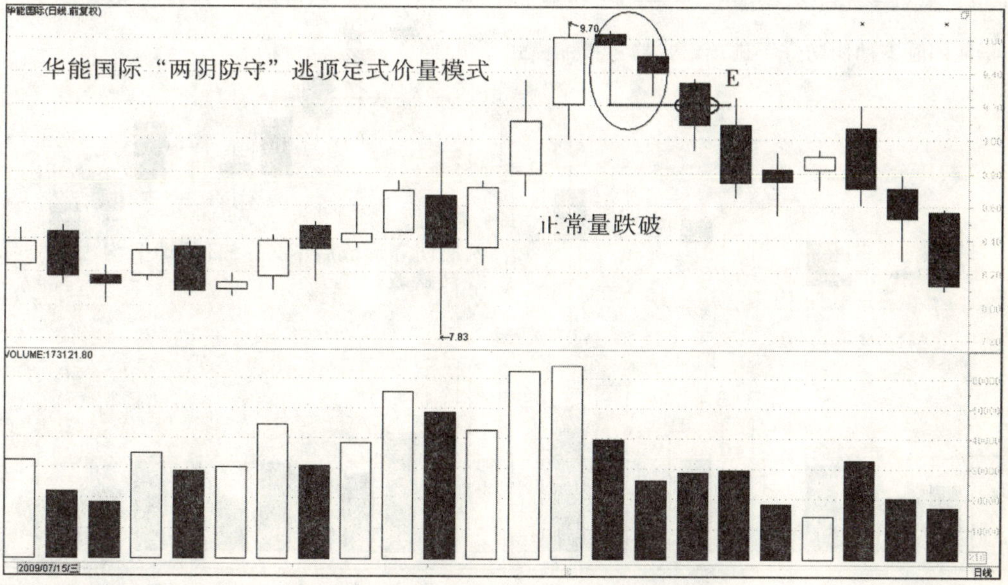

图2-9 华能国际“两阴防守”的价量

华能国际逃顶第三步

【“两阴防守”逃顶定式趋势指标模式】

进一步可以求证的指标是趋势指标，华能国际形成“两阴防守”之后不久，5 日移动平均线被跌破了，这既可以作为确认此前分析和操作正确的信号，也可以作为进一步卖出操作的信号，如图 2 - 10 所示。在“两阴防守”中采用的趋势指标是 5 日移动平均线指标，这条均线是一周股价的持仓成本线，也是短期炒家的成本线，跌破此线，代表短线炒家被套，5 日内被套的一般都是散户，因为主力的持仓成本要用更长的均线来衡量。散户一旦被套，一般都是“一路持仓到底”。

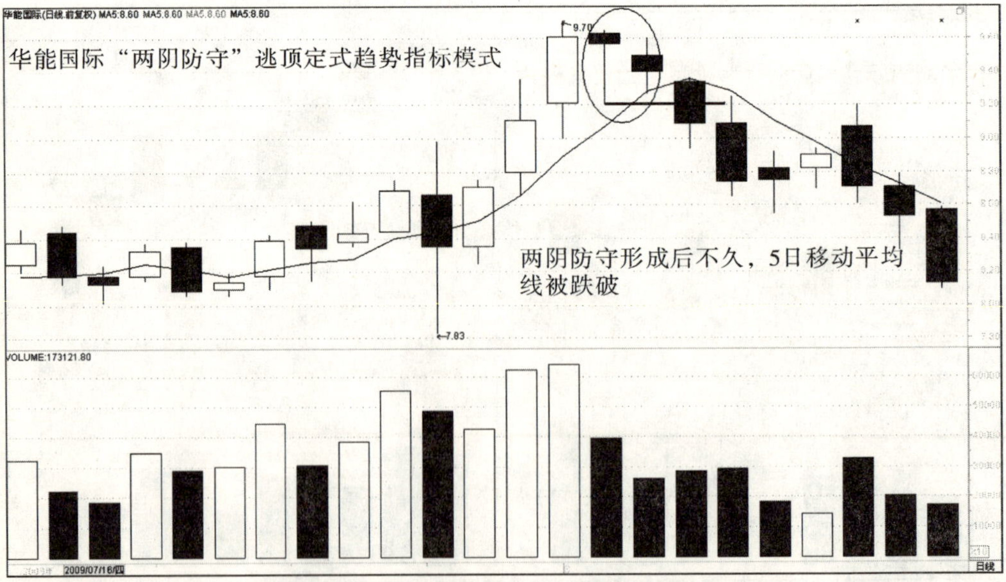

图 2 - 10　华能国际“两阴防守”的趋势指标模式

华能国际逃顶第四步

【“两阴防守”逃顶定式振荡指标模式】

振荡指标能够显示局部信息，能够表征市场的局部情绪，请看图 2-11，华能国际在形成“两阴防守”的同时其对应的振荡指标 KD 处于高位超买区域，且有死叉迹象，不久之后形成死叉。这表明短期内股价处于相对高位，此后向下的可能性较大，市场大众的多头情绪处于极致，物极必反。

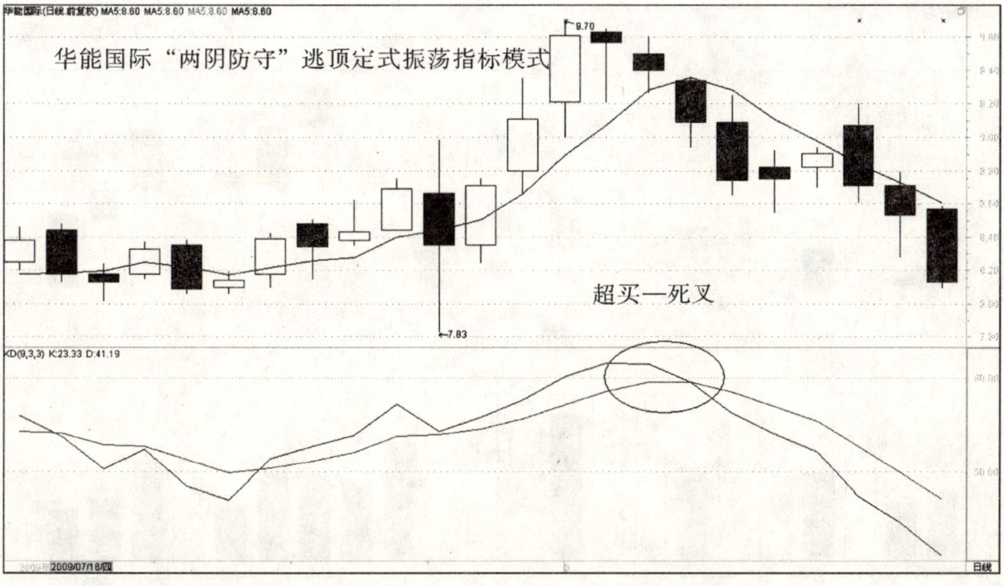

图 2-11　华能国际“两阴防守”的振荡指标模式

华能国际逃顶第五步

【“两阴防守”逃顶定式主力行为模式】

华能国际跌破两阴最低价的时候，此前追高的散户全部被套，一旦被套基本上只能是越套越深，宁愿等几年，也不愿主动解套，这就是散户的普遍心理，主力利用这种心理进一步出货是有可能的，请看图 2－12，跌破 E 点时前期高位放量处进去的广大散户基本上已经处于“木然”状态，就是等待股价自己回来了。

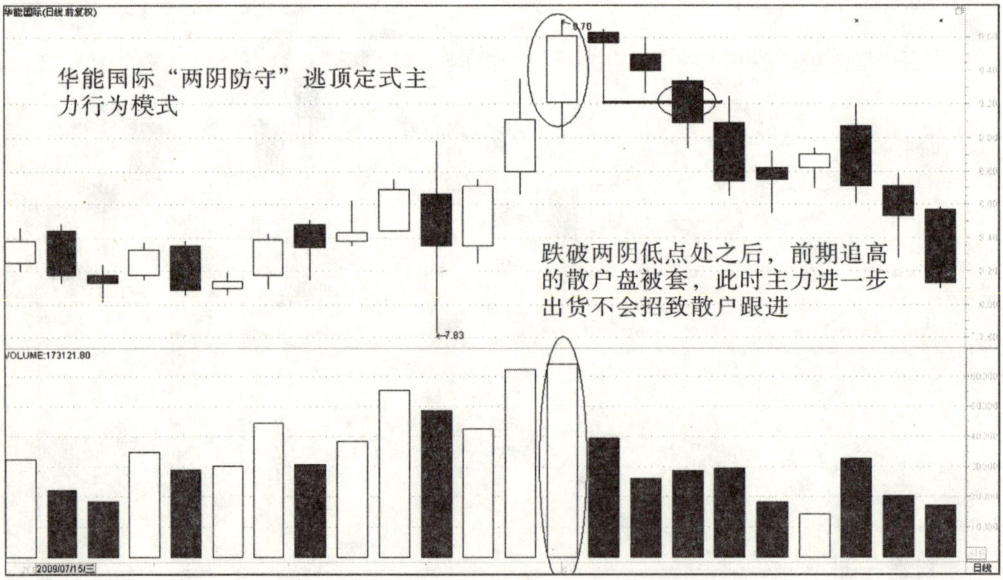

图 2－12　华能国际“两阴防守”的主力行为模式

华能国际逃顶第六步

【“两阴防守”逃顶定式的减仓法则】

华能国际的两阴最低价被跌破时，一般就应该卖出部分仓位了，如图 2－13 所示。图中的 E 处就是初步的减仓点，这时候卖出部分仓位可以灵活应对后市的涨跌变化，让自己处于积极主动的位置，而不是处于被市场戏弄的位置。

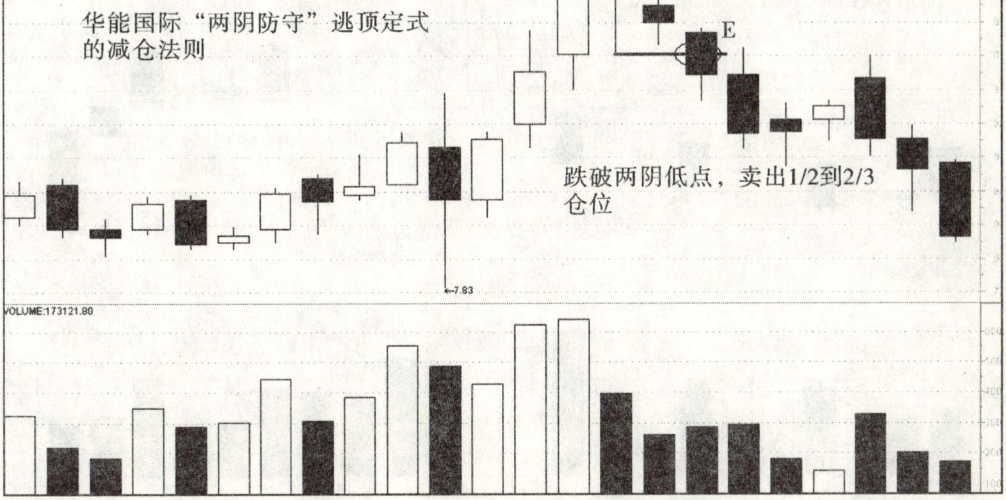

图 2－13 华能国际“两阴防守”的减仓

华能国际逃顶第七步

【“两阴防守”逃顶定式的出场法则】

当我们对华能国际减仓之后，就需要密切关注其股价进一步的发展。在“两阴防守”形成之后5日内如果股价收盘价处于两阴最低价之下则应该卖出所有头寸，如图2-14所示。

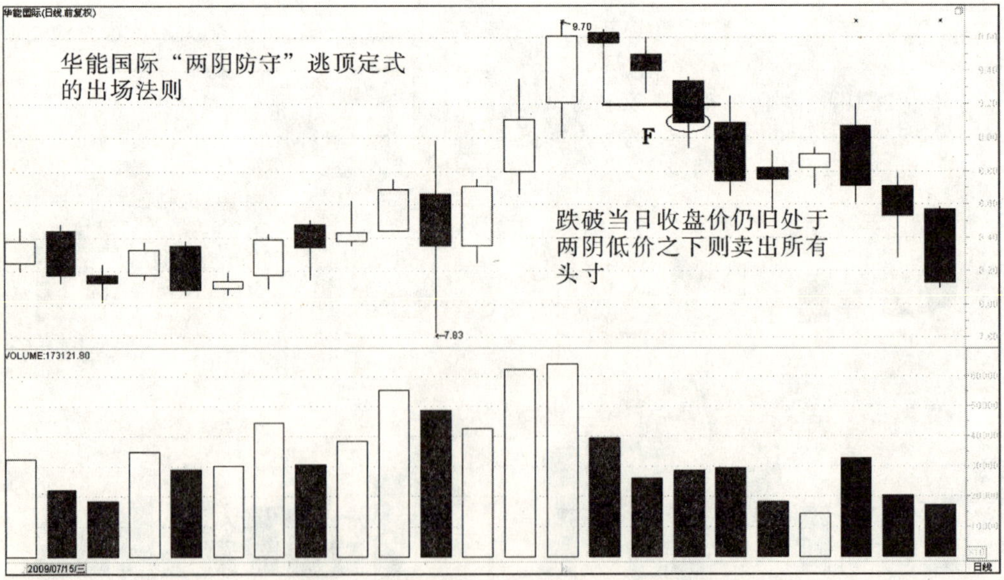

图2-14 华能国际“两阴防守”的出场

◇　完美逃顶“真传一句话”秘籍

散户的心理最不适合逃顶，心态不对，为什么不对？因为散户是从众的，从众可以获得虚假的安全感，当顶部到来的时候，恰好是散户安全感最强的时候，最安全的地方往往是最危险的地方，这就是股市这部散户绞肉机的特点。

逃顶实操全记录

（请你动脑和动笔运用本招的要诀在近期A股中实践逃顶理论）

股票名称或者代码

分析和操作日期

逃顶第一步　“两阴防守”逃顶定式模型

逃顶第二步　“两阴防守”逃顶定式价量模式

逃顶第三步　“两阴防守”逃顶定式趋势指标模式

逃顶第四步　“两阴防守”逃顶定式振荡指标模式

逃顶第五步　“两阴防守”逃顶定式主力行为模式

逃顶第六步　“两阴防守”逃顶定式的减仓法则

逃顶第七步　“两阴防守”逃顶定式的出场法则

操作结果和总结

第三招　巨量大阴

★ 精髓提要

七步完美逃顶路线图之“巨量大阴”

逃顶第一步　“巨量大阴”逃顶定式模型
逃顶第二步　“巨量大阴”逃顶定式价量模式
逃顶第三步　“巨量大阴”逃顶定式趋势指标模式
逃顶第四步　“巨量大阴”逃顶定式振荡指标模式
逃顶第五步　“巨量大阴”逃顶定式主力行为模式
逃顶第六步　“巨量大阴”逃顶定式的减仓法则
逃顶第七步　“巨量大阴”逃顶定式的出场法则

K 线本身标注了一些非常经典的顶部特征，但是很少有炒家持续系统地跟踪这些信号，即使有一些关注也不具有系统性和规范性的操作，所以只有极少的炒家能够真正从这些知识里获利，利用 K 线知识胜利逃顶也仅仅成为神话而已。从本小节开始我们会着力从 K 线的角度结合价量关系、趋势指标和振荡指标、主力行为等角度，讲述 K 线逃顶的一些要领和关键步骤。“巨量大阴”是一种容易见到的价量形态，往往可以标注出个股的某些顶部，简单有效是这种逃顶定式的显著优点，下面我们就来详细介绍这一逃顶定式的特点。

上港集团逃顶第一步

【"巨量大阴"逃顶定式模型】

我们举的第一个例子是上港集团，请看图 3－1，股价从低位振荡上扬，到达 7.13 元附近时出现了实体较大的阴线，当然这根阴线不是实体最大的阴线，但是相对而言还是实体较大的阴线，对应的成交量也是非常大的。高位实体较大的阴线实体，对应的成交量也很大，这就是"巨量大阴"，这就是我们需要注意的一种较为显著的顶部形态，是一种需要我们时刻注意的逃顶定式。

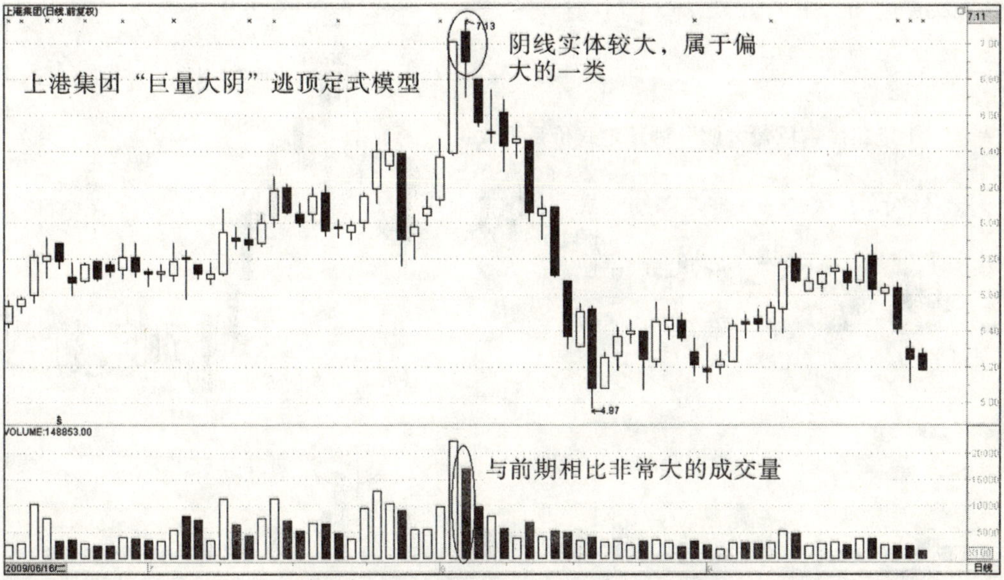

图 3－1 上港集团的"巨量大阴"

上港集团逃顶第二步

【“巨量大阴”逃顶定式价量模式】

初步确认上港集团的“巨量大阴”形式之后，我们还需要作进一步的分析，请看图 3－2，这是上港集团“巨量大阴”形态的价量关系分析。可以发现在巨量阴线出现的这几日，股价出现一个高点，虽然不知道是不是真正的高点，但至少高于前期股价走势，更为重要的是巨量阴线这几日成交量构成一个高量堆。当巨量阴线收盘这天，前一日的成交量也被确认为一个成交量的高点，可以看作是“天量”，天量见天价，此后下跌的可能性极大，进一步确认了“巨量大阴”带来的看跌信息。

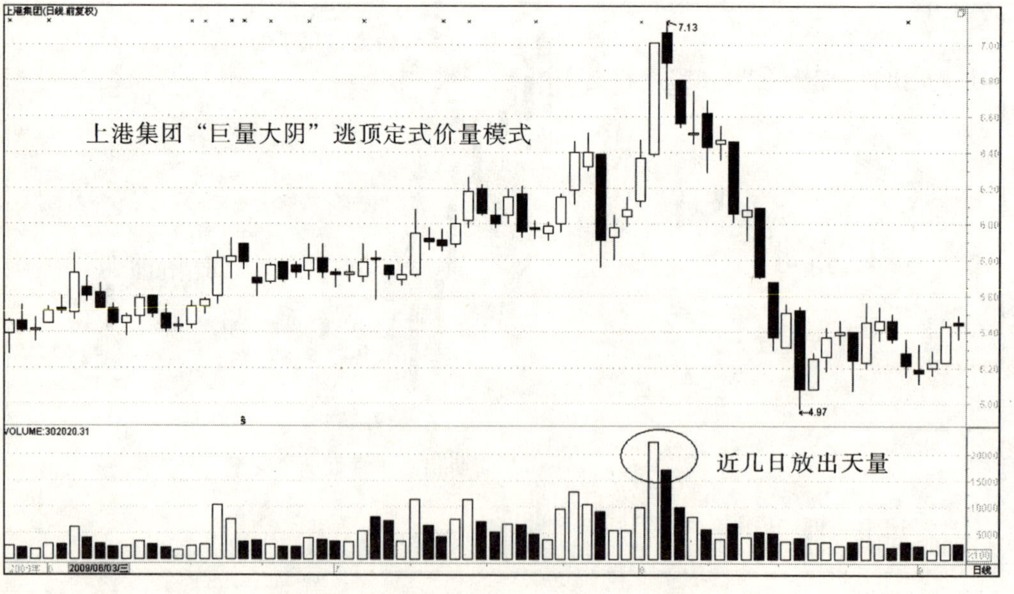

图 3－2　上港集团“巨量大阴”的价量

上港集团逃顶第三步

【“巨量大阴”逃顶定式趋势指标模式】

上港集团的价量关系表明近日成交量在暴跌附近出现了放量，这可能是主力在出场么？我们在主力行为部分来分析，现在先对上港集团的趋势指标进行分析。请看图 3－3，我们采用 13 参数的布林带进行“巨量大阴”的趋势指标分析，当巨量大阴出现在布林带上轨附近的时候，下跌概率进一步增加了，上港集团这个例子中“巨量大阴”就是出现在布林带上轨附近，所以上港集团后市下跌的概率进一步增加了。

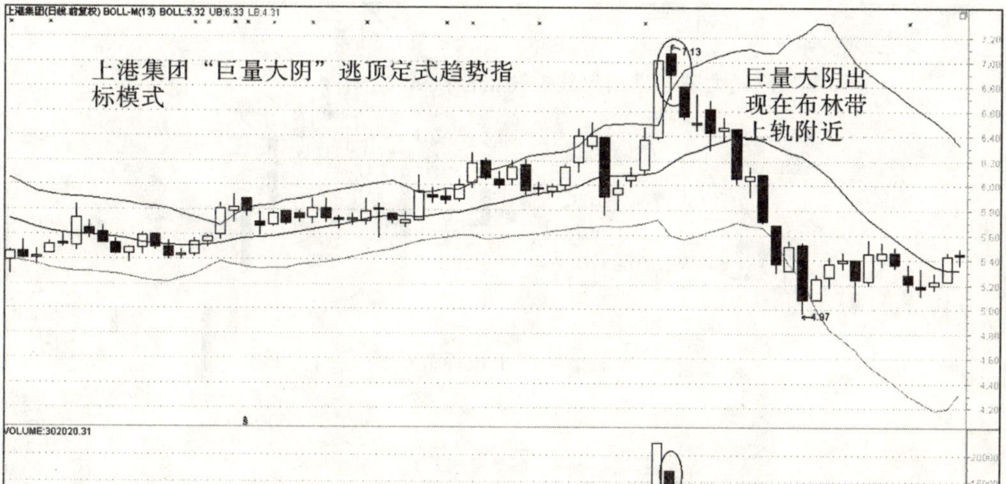

图 3－3　上港集团“巨量大阴”的趋势指标模式

上港集团逃顶第四步

【"巨量大阴"逃顶定式振荡指标模式】

上港集团的"巨量大阴"中有着什么样的市场情绪会使得其可靠性上升呢？请看图3-4，上港集团"巨量大阴"逃顶定式中对应的振荡指标位于长期高位附近。这表明短期内市场下跌的可能性很大，特别是股价在振荡指标超买的时候拉出大阴线。

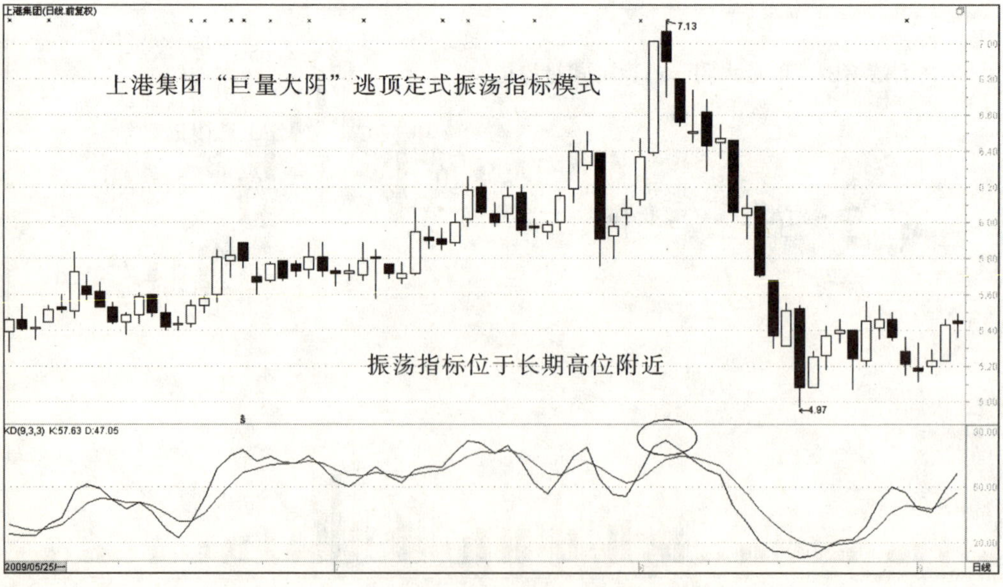

图3-4 上港集团"巨量大阴"的振荡指标模式

上港集团逃顶第五步

【“巨量大阴”逃顶定式主力行为模式】

我们再对上港集团“巨量大阴”的主力行为进行分析，请看图 3-5。上港集团在前期上涨过程中，价格上涨的时候，成交量同时增加，价格下跌的时候，成交量同时降低，这个阶段的成交量无论增加还是降低都处于比较合理的范围之内，至少没有出现过度放量的现象。但是，在“巨量大阴”出现的时候，成交量连续放出天量，这与前期合理的成交量放大形成了显著了差别，所以主力可能已经出逃了。

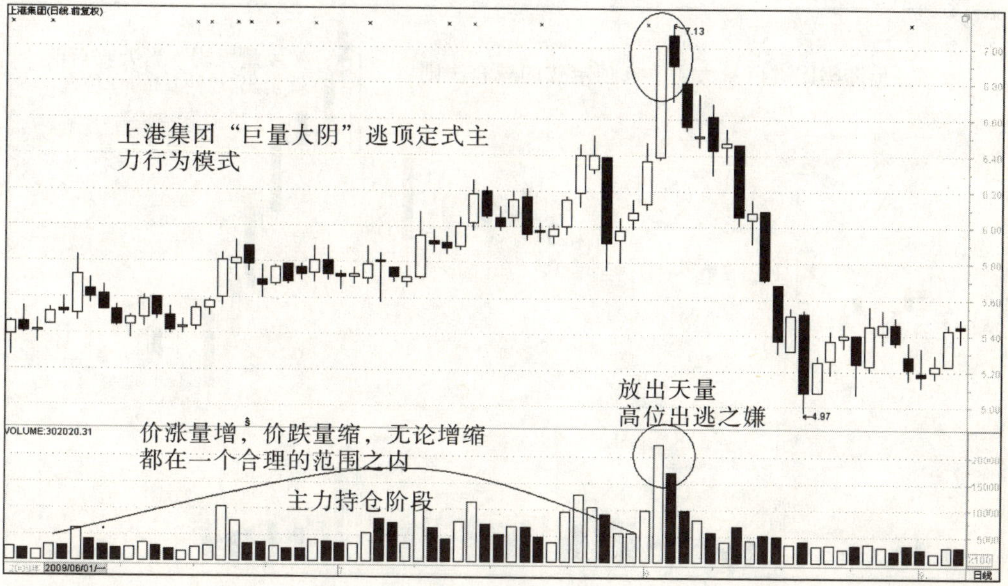

图 3－5 上港集团“巨量大阴”的主力行为模式

上港集团逃顶第六步

【“巨量大阴”逃顶定式的减仓法则】

一旦确认了上港集团的“巨量大阴”，接下来我们就需要进行具体的卖出操作，卖出至少应该分为两个阶段进行，我们一般不支持一次就卖出所有持仓。请看图 3-6，在“巨量大阴”当天收盘的时候就应该卖出 1/2 到 2/3 的仓位，准确说应该是在收盘之前两分钟之内卖出 1/2 到 2/3 的仓位。

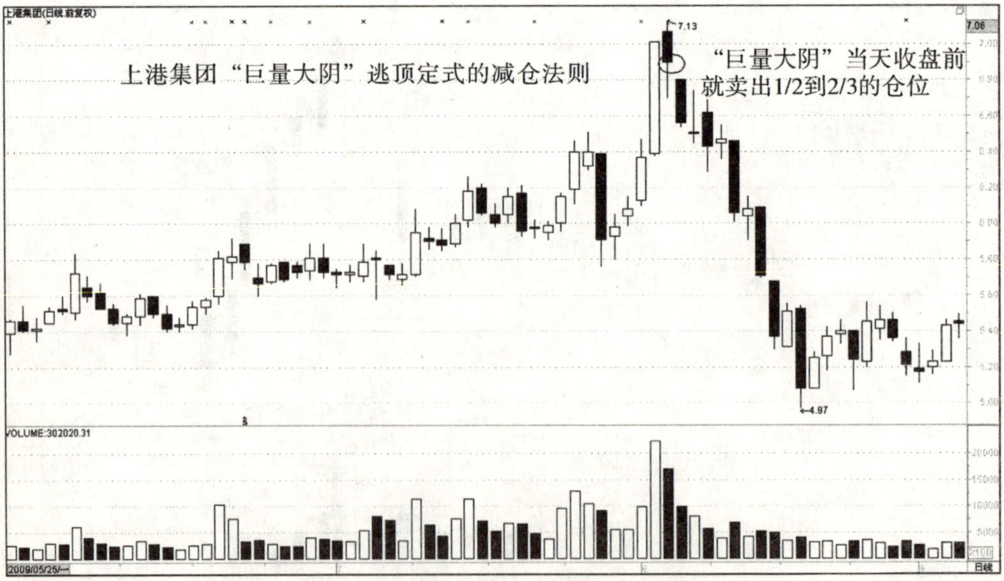

图 3－6　上港集团“巨量大阴”的减仓

上港集团逃顶第七步

【“巨量大阴”逃顶定式的出场法则】

整个逃顶操作应该分为两个部分，减仓是第一个部分，“巨量大阴”的完全出场则是在跌破巨量大阴日最低价时操作，如图 3－7 所示。上港集团的“巨量大阴”最低价在 E 点附近倍跌穿，此时炒家应该卖出所有的仓位。

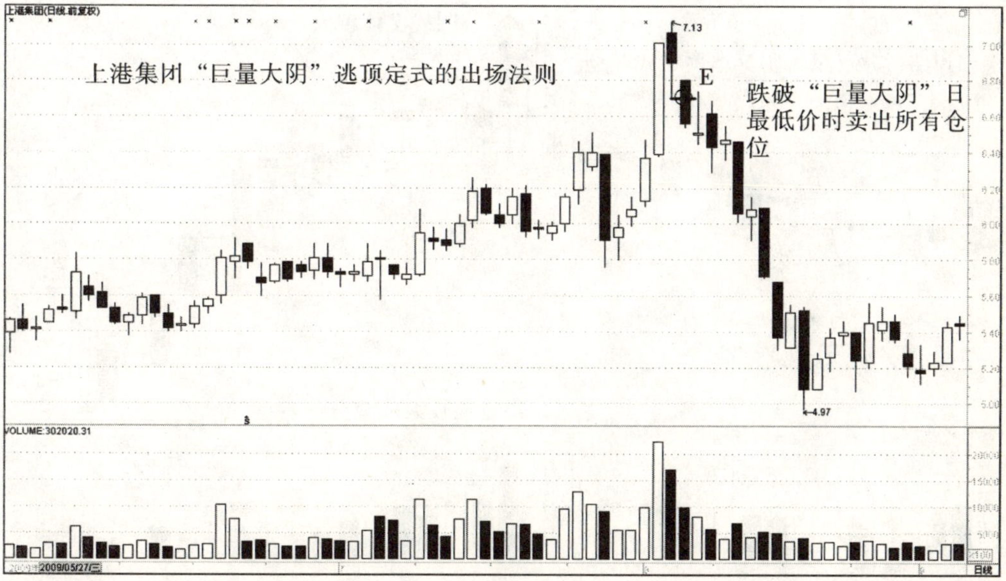

图 3－7 上港集团“巨量大阴”的出场

四川路桥逃顶第一步

【"巨量大阴"逃顶定式模型】

我们再来看第二个"巨量大阴"的实例，请看图 3-8 所示。首先我们从高位的大阴线和对应的成交量入手，看成交量是否相应放得很大，虽然不是最大的天量，但至少应该是放量在前三名左右大的量。在四川路桥这个例子中，阴线实体较大，对应的成交量也是近期的大量，由此基本确认四川路桥存在"巨量大阴"的逃顶定式。

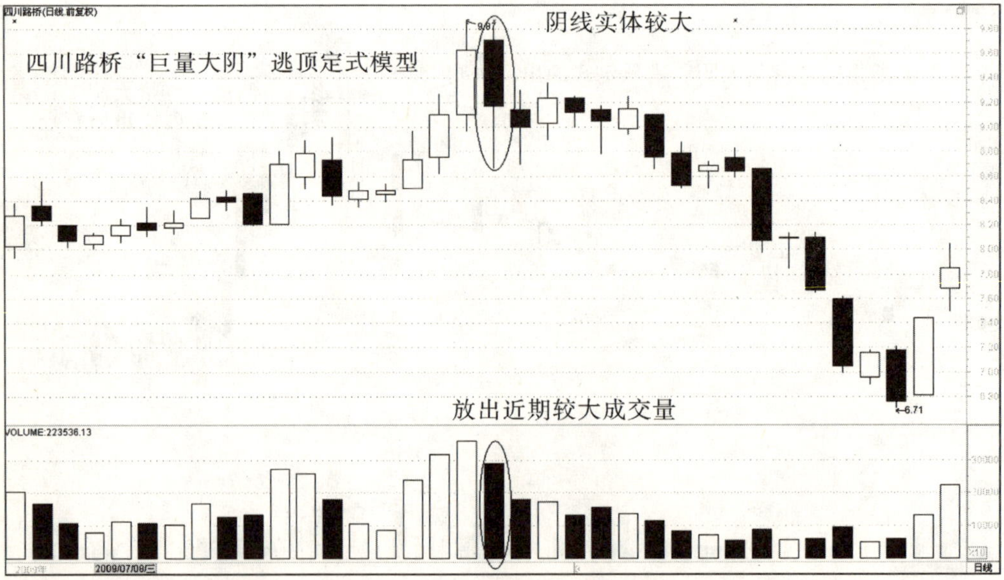

图 3-8　四川路桥的"巨量大阴"

四川路桥逃顶第二步

【“巨量大阴”逃顶定式价量模式】

基本确认四川路桥符合“巨量大阴”的两个基本要件之后，我们还需要作进一步的分析和确认，请看价量关系，如图 3-9 所示。“巨量大阴”的大阴附近几日应该有显著的天量放出，这表明了主力出逃的可能性，后市下跌的可能性极大。

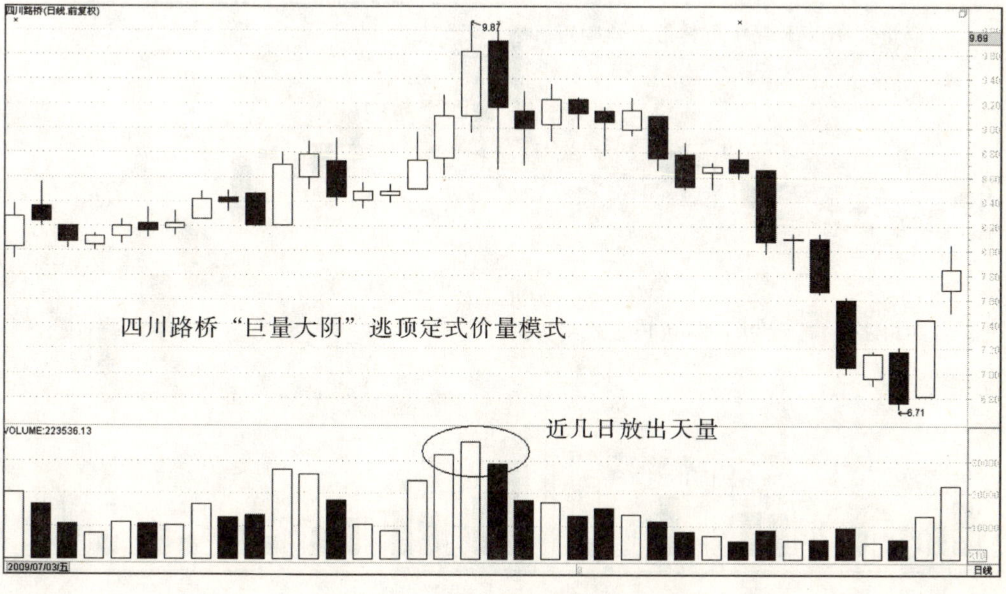

图 3-9　四川路桥“巨量大阴”的量价

四川路桥逃顶第三步

【"巨量大阴"逃顶定式趋势指标模式】

对四川路桥的基本模式、价量关系进行分析之后，我们就要对趋势指标模式进行剖析了，请看图 3 - 10。"巨量大阴"出现在 13 期布林带的上轨附近，这表明后市下跌的可能性很大，趋势指标模式进一步提高了四川路桥"巨量大阴"看跌的概率。

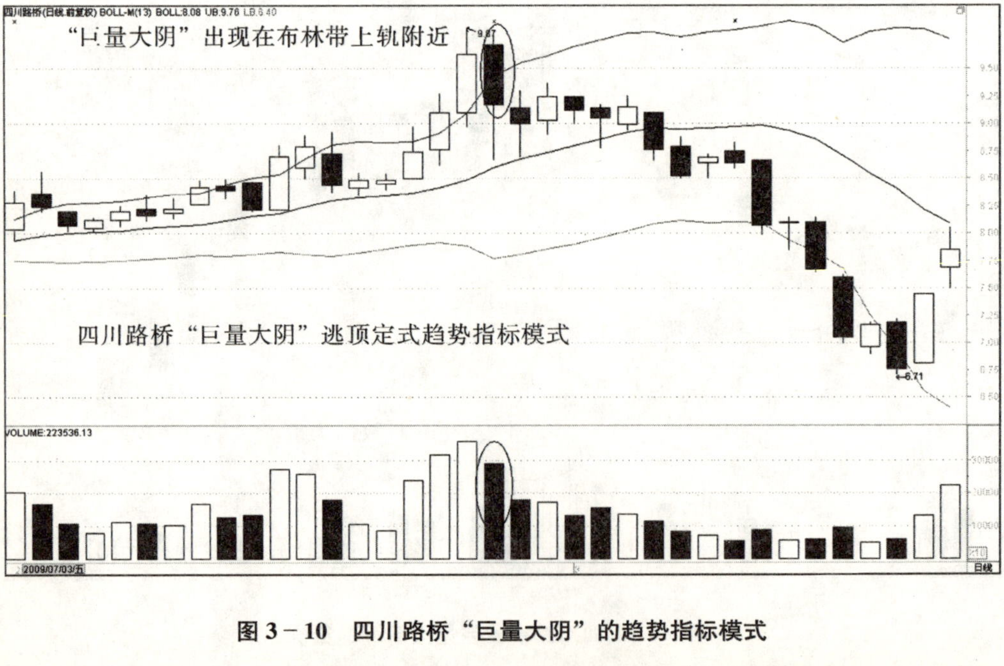

图 3 - 10　四川路桥"巨量大阴"的趋势指标模式

四川路桥逃顶第四步

【“巨量大阴”逃顶定式振荡指标模式】

四川路桥“巨量大阴”对应的振荡指标恰好处于长期高位附近，虽然不是标准定义中的80超买区域中，但是对于这个个股而言，基于其长期的运行范围，其实已经处于超买区域中了，对应于布林带的上轨位置，这表明四川路桥后市下跌的可能性很大，如图3－11所示。

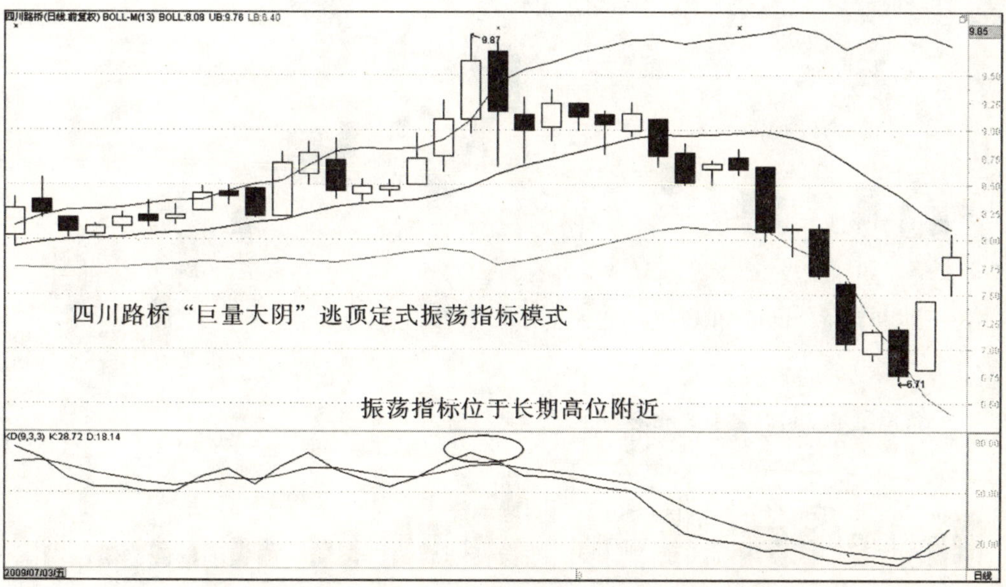

图3－11 四川路桥“巨量大阴”的振荡指标模式

四川路桥逃顶第五步

【“巨量大阴”逃顶定式主力行为模式】

四川路桥“巨量大阴”之前的主力有怎样的行为表现呢？请看图3－12所示，在大阴之前，股价的上扬和调整分别对应着成交量上升和成交量下跌，但是放量并不特别突出，也不持久，没有形成放量堆，这表明主力并没有出逃，但是到了大阴处则持续放出很大的量，主力出逃的可能性很大，自然后市下跌的概率也就很大。

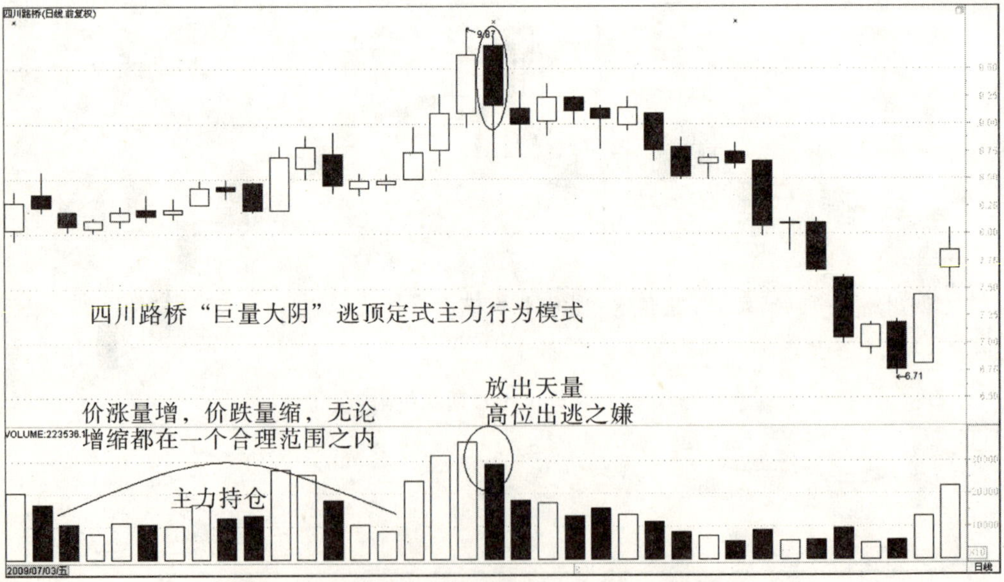

图3－12　四川路桥“巨量大阴”的主力行为模式

四川路桥逃顶第六步

【“巨量大阴”逃顶定式的减仓法则】

从各个维度确认了四川路桥的“巨量大阴”之后，接着就应进行逃顶操作了，请看图 3－13，当在巨量大阴收盘前两分钟之内卖出 1/2 到 2/3 的仓位，这就是减仓，逃顶的第一个操作阶段。

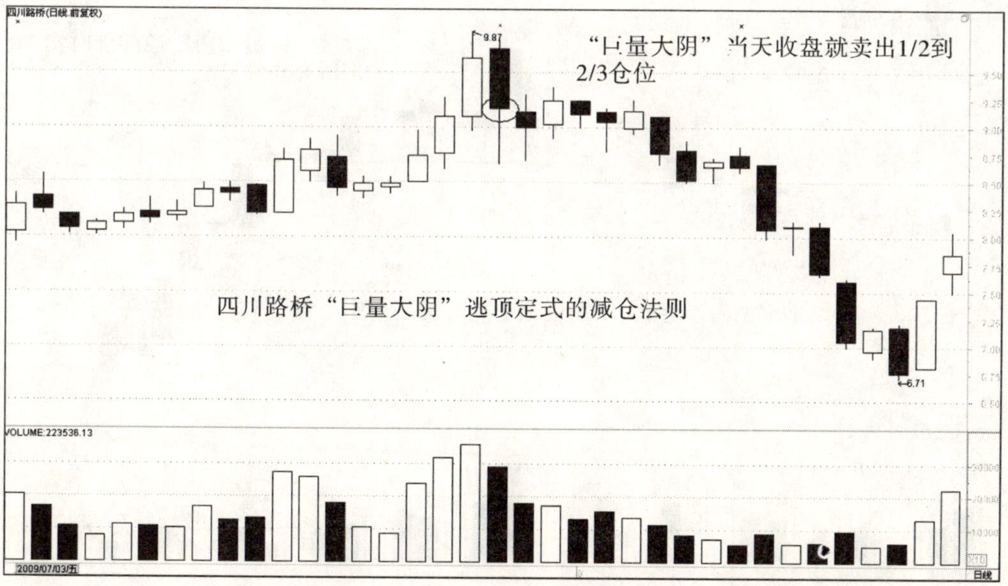

图 3－13 四川路桥“巨量大阴”的减仓

四川路桥逃顶第七步

【“巨量大阴”逃顶定式的出场法则】

四川路桥的“巨量大阴”收盘之前卖出部分仓位，之后当股价跌破巨量大阴的最低价时卖出所有的仓位，如图 3 - 14 所示。

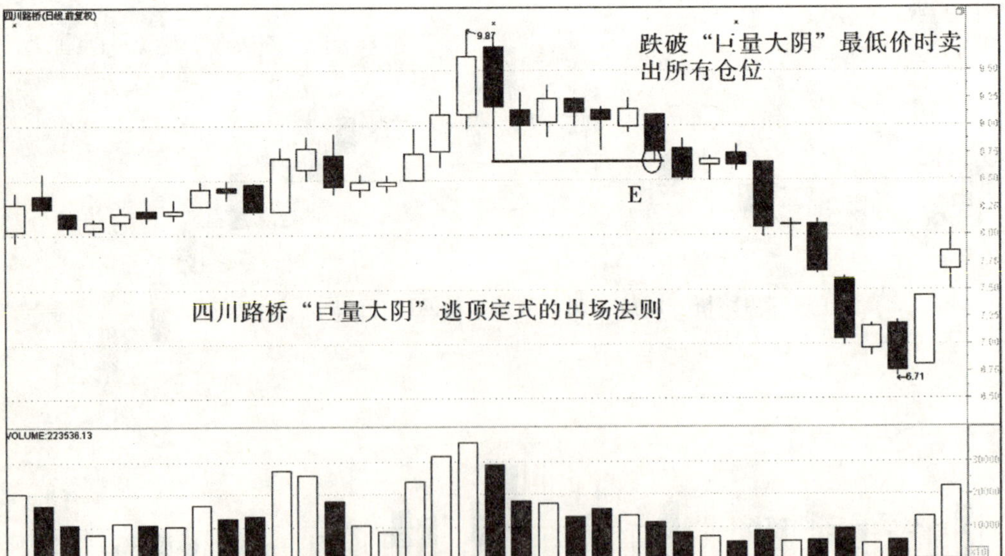

图 3 - 14　四川路桥“巨量大阴”的出场

◇ 完美逃顶"真传一句话"秘籍

当众人狂躁的时候，顶部往往就在眼前了，而成交量往往是众人的镜子，要逃顶就必须注意成交量的高点，你懂得了成交量在逃顶中的意义也就懂得了逃顶分析的精髓之一。

逃顶实操全记录

（请你动脑和动笔运用本招的要诀在近期 A 股中实践逃顶理论）

股票名称或者代码

分析和操作日期

逃顶第一步　"巨量大阴"逃顶定式模型

逃顶第二步　"巨量大阴"逃顶定式价量模式

逃顶第三步　"巨量大阴"逃顶定式趋势指标模式

逃顶第四步　"巨量大阴"逃顶定式振荡指标模式

逃顶第五步　"巨量大阴"逃顶定式主力行为模式

逃顶第六步　"巨量大阴"逃顶定式的减仓法则

逃顶第七步　"巨量大阴"逃顶定式的出场法则

操作结果和总结

第四招 巨量流星

★ 精髓提要

七步完美逃顶路线图之“巨量流星”

逃顶第一步　“巨量流星”逃顶定式模型
逃顶第二步　“巨量流星”逃顶定式价量模式
逃顶第三步　“巨量流星”逃顶定式趋势指标模式
逃顶第四步　“巨量流星”逃顶定式振荡指标模式
逃顶第五步　“巨量流星”逃顶定式主力行为模式
逃顶第六步　“巨量流星”逃顶定式的减仓法则
逃顶第七步　“巨量流星”逃顶定式的出场法则

根据单根K线形态来布局逃顶操作，这是很多短线炒家所希望的，但是真正有效标注阶段性高点的K线形态并不多，流星形态就是其中的代表。在本章介绍的逃顶定式中，我们就围绕流星形态来展开，但是并不是传统那么简单的流星形态，还包括其他验证因素。步入K线单兵作战的道路并不是最好的选择，一般还需要根据其他的角度来验证你从K线上得到的信息，比如成交量等。

黄山旅游逃顶第一步

【"巨量流星"逃顶定式模型】

流星是一种高位形态，出现在一段上涨走势之后，如果相同的形态出现在下跌走势之后则不能被称之为流星形态。流星的上影线特别长，实体较短，极端情况下开盘价和收盘价相等，这种情况下则没有实体，下影线最好没有。"巨量流星"逃顶定式要求流星线出现的位置对应着极大的成交量，这种定式出现则表明炒家卖出的时机到来了。我们来看第一个位置，如图 4－1 所示，黄山旅游从低位振荡上涨，达到 17.96 元高位的时候出现了流星，对应的成交量也放出大量，是最近一段时期的最大量。

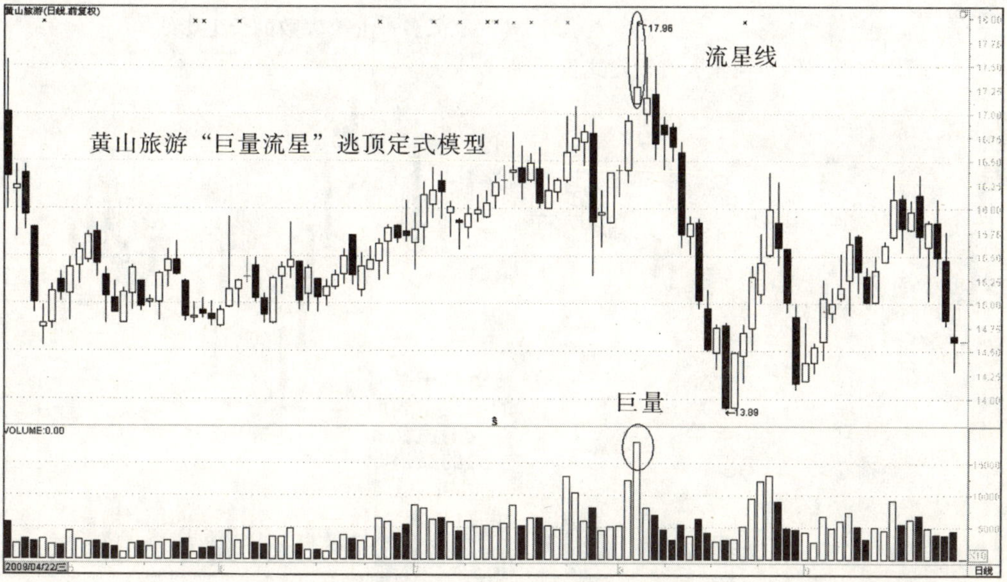

图 4－1 黄山旅游的"巨量流星"

黄山旅游逃顶第二步

【“巨量流星”逃顶定式价量模式】

基本确认“巨量流星”之后，我们需要对其价量关系进一步地分析，如图4-2所示。股价在高位形成很长的上影线，收盘和开盘都接近于最低价一端，长上影线表明多头力图上攻但是失败了，这表明多头有意愿上涨，但是没有能力上涨，所以价格在盘中创出新高之后很快就下落了。流星上攻时成交量放大，下跌时也放大，说明交投双方力量强大，而卖方的力量更大一些，此处抛压沉重，近期内继续上涨的可能性很小。

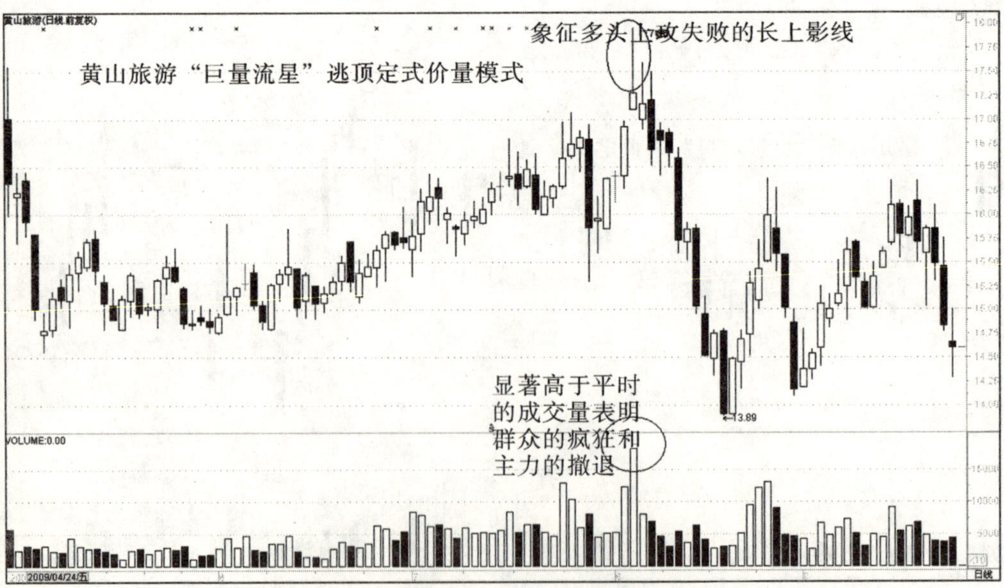

图4-2　黄山旅游“巨量流星”的价量

黄山旅游逃顶第三步

【“巨量流星”逃顶定式趋势指标模式】

我们进一步对黄山旅游的趋势指标模式进行分析，请看图 4－3，“流星”这根 K 线出现在布林带上轨附近，同时成交量放大，布林带上轨似乎是上涨趋势的极限位置，后市下跌的可能性极大。

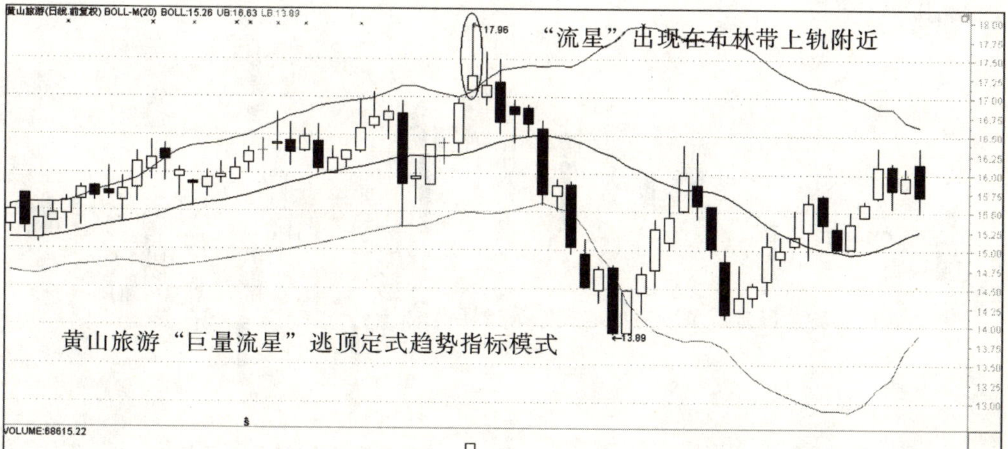

图 4－3　黄山旅游“巨量流星”的趋势指标模式

黄山旅游逃顶第四步

【"巨量流星"逃顶定式振荡指标模式】

那么，黄山旅游"巨量流星"的振荡模式是什么呢？请看图 4－4 所示，"流星"形态对应的振荡指标 KD 处于长期高位，应该算得上是这只个股的超买区域，"流星"见超买后市下跌的可能性很大。市场情绪的癫狂可以从"流星"和超买这两个信息中看出，后市反转的可能性很大。

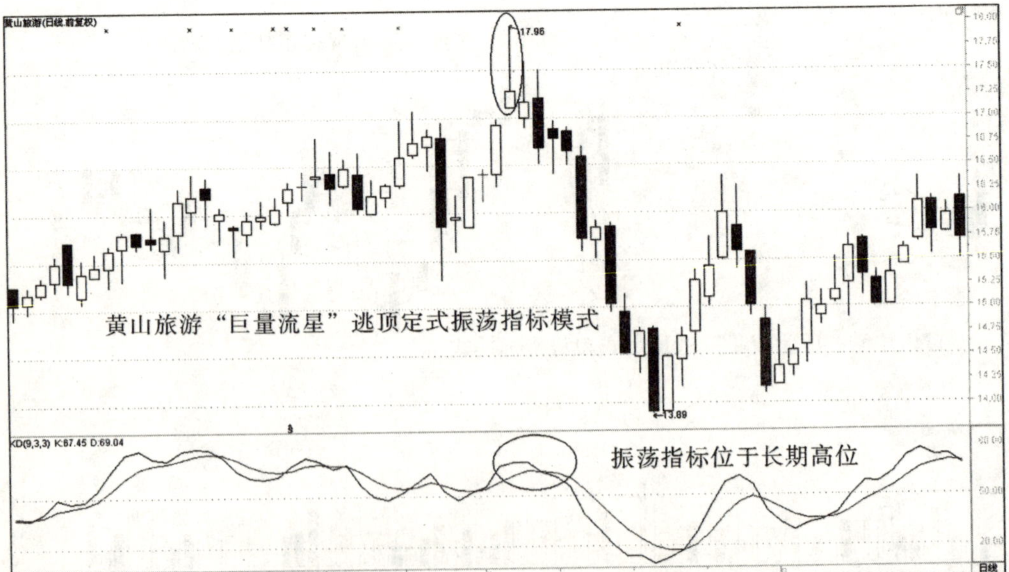

图 4－4　黄山旅游"巨量流星"的振荡指标模式

黄山旅游逃顶第五步

【“巨量流星”逃顶定式主力行为模式】

黄山旅游股价近期运行中的主力行为模式是什么呢？请看图 4－5 所示，股价向上突破，得到新高之后，成交量放大，说明有大量交易者在追买，同时有大量筹码在抛出，高位大量追买之后股价跌到最低价附近，这肯定不是主力的做法，所以高位追买者应该是广大的散户而非主力。既然是散户追买，而主力在卖出，则后市继续上涨的可能性极小。

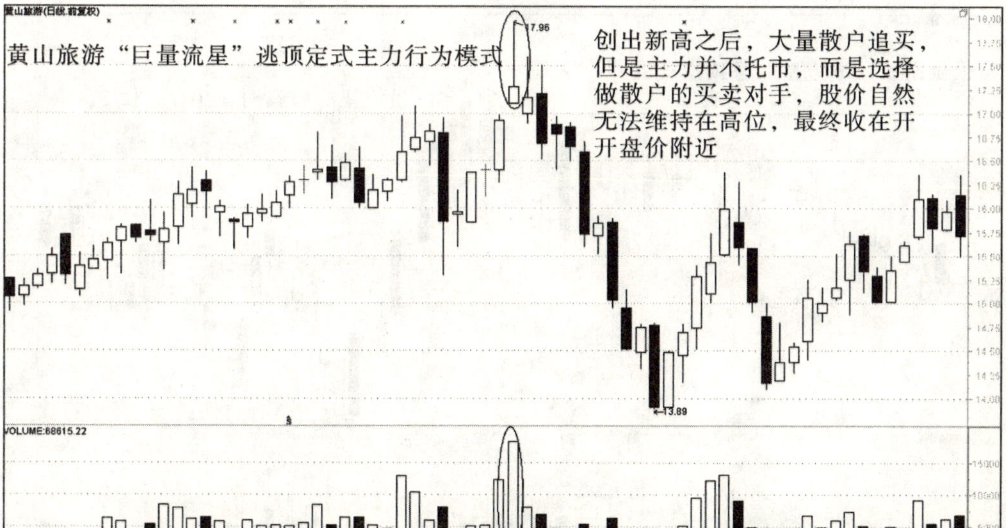

图 4－5　黄山旅游“巨量流星”的主力行为模式

黄山旅游逃顶第六步

【"巨量流星"逃顶定式的减仓法则】

确认了后市进一步下跌的可能性很大，也就是说确认了黄山旅游的"巨量流星"逃顶定式，则接下来就应该分仓逐步卖出，请看图 4－6。在巨量流星快收盘前两分钟之内卖出持有的黄山旅游的 1/2 到 2/3 仓位，收盘前两分钟内收盘价基本已经确定了，这时候相当于在收盘时卖出。

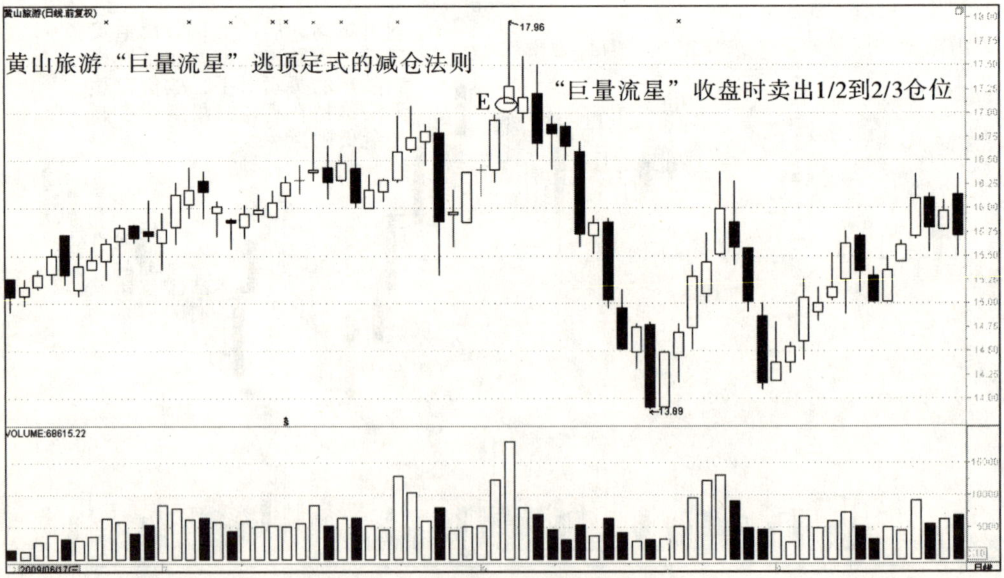

图 4－6　黄山旅游"巨量流星"的减仓

黄山旅游逃顶第七步

【"巨量流星"逃顶定式的出场法则】

卖出了持有的黄山旅游部分仓位之后，我们需要对走势作进一步的观察，如果股价就此回升，则继续持有剩下的仓位，如果股价在接着的交易日中收盘于"流星"最低价之下，如图 4－7 所示，则卖出所有的仓位。

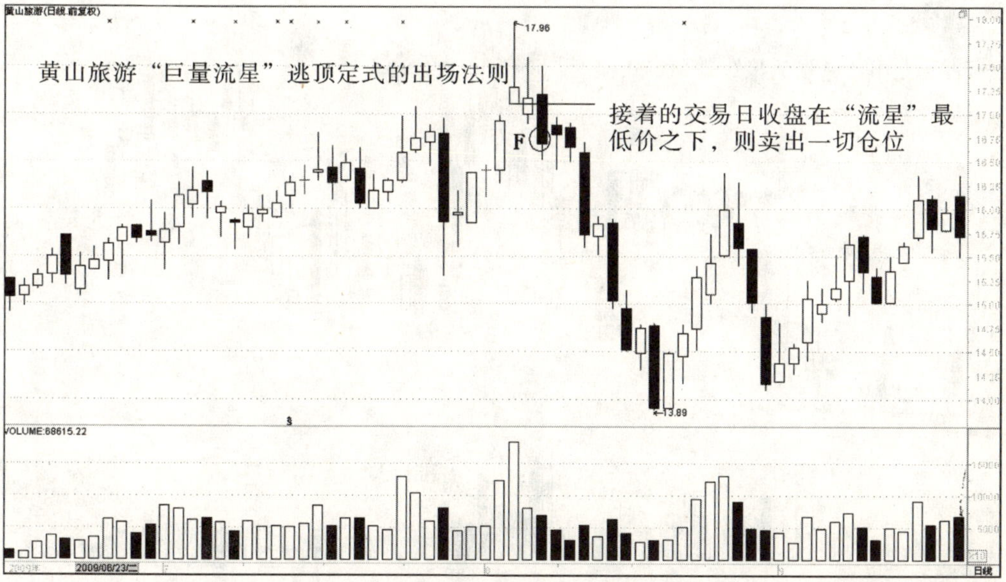

图 4－7 黄山旅游"巨量流星"的出场

古越龙山逃顶第一步

【“巨量流星”逃顶定式模型】

我们再来看一个“巨量流星”的实例，请看图4－8，这是古越龙山的日线走势图。一波上涨的顶部出现了一个小型双顶，第二顶部稍微高于第一顶部，第二顶部由一个流星形态标示出来，但是第二顶部只形成了一半，还不能据此确定股价就此会继续下跌。古越龙山阶段高点的这个流星线对应着极高的成交量，这基本符合“巨量流星”逃顶定式的基本特征。

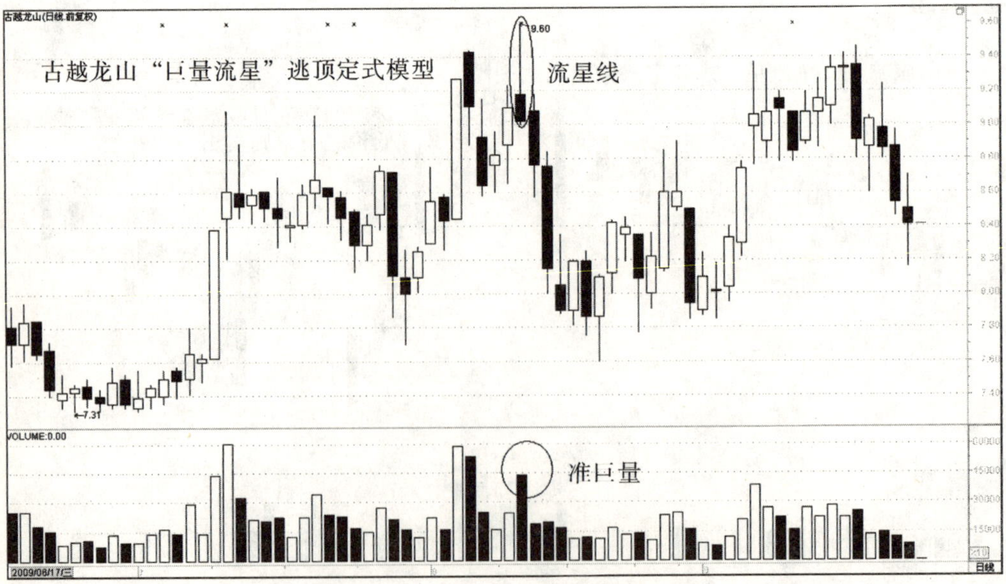

图4－8 古越龙山的“巨量流星”

古越龙山逃顶第二步

【“巨量流星”逃顶定式价量模式】

确认了基本的“巨量流星”逃顶定式之后，我们需要进一步勘察古越龙山的价量关系，如图4-9所示。这个“流星”的实体部分是阴线，也就是说收盘价比开盘价还要低一些，上影线很长，收盘价远远低于最高价，而成交量显著高于平时，这表明了大众的疯狂参与，只要大众疯狂参与，则后市下跌的可能性很大。

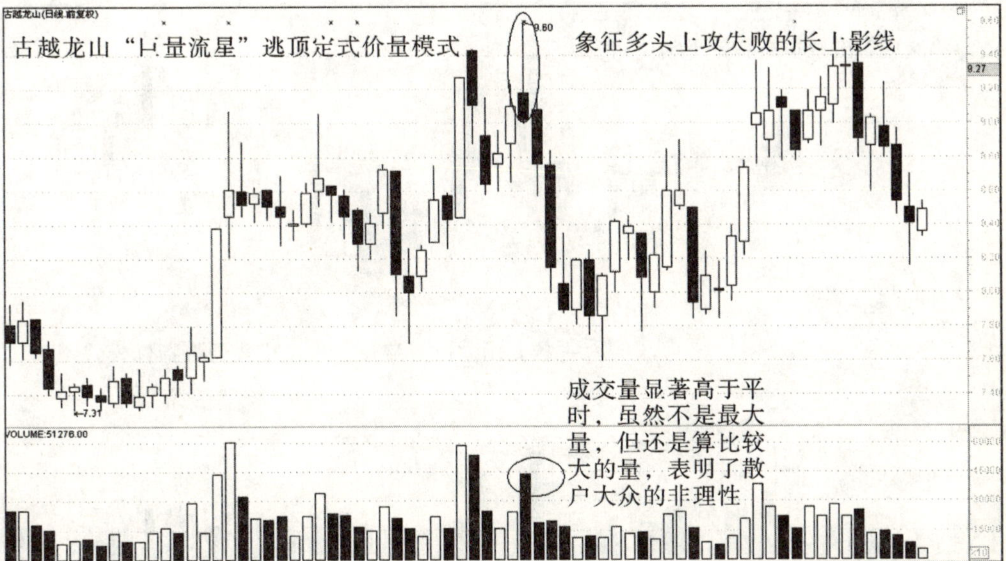

图4-9 古越龙山“巨量流星”的价量

古越龙山逃顶第三步

【“巨量流星”逃顶定式趋势指标模式】

第三步是查看古越龙山“巨量流星”的趋势指标模式，请看图 4－10，流星线出现在布林带上轨，对应的成交量放大，表明趋势转折的开始，后市下跌的可能性很大。

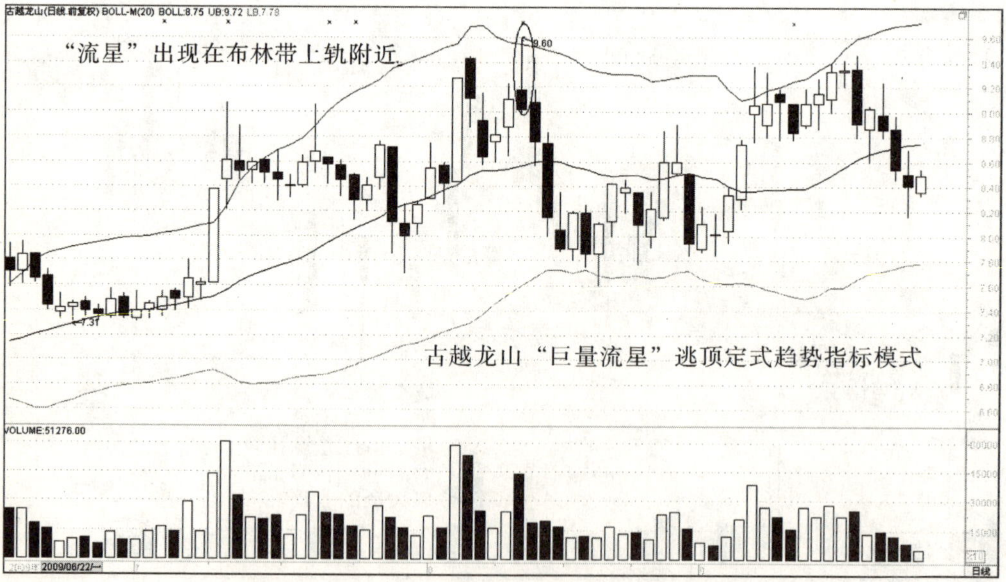

图 4－10　古越龙山“巨量流星”的趋势指标模式

古越龙山逃顶第四步

【“巨量流星”逃顶定式振荡指标模式】

古越龙山出现“出现巨量流星”的时候，振荡指标高于长期高位，与“流星”出现在布林带上轨遥相呼应，这表明市场情绪处于一个极端疯狂的状态，后市转而下落的可能性很大，如图 4－11 所示。

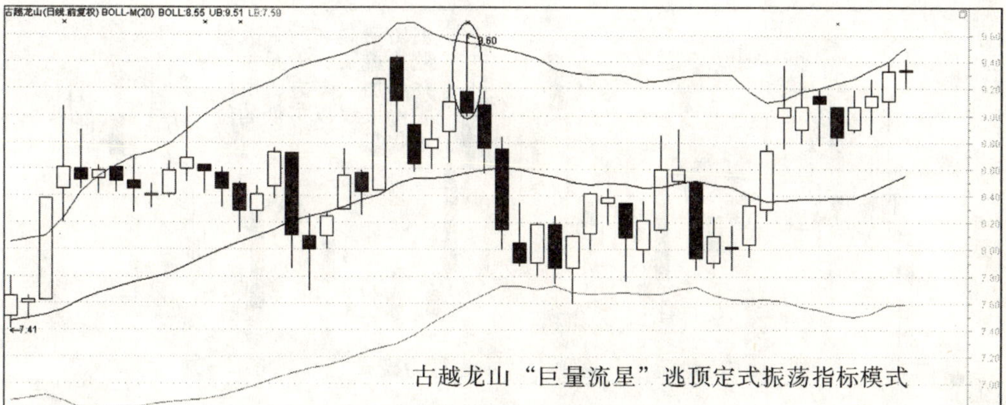

图 4－11　古越龙山“巨量流星”的振荡指标模式

古越龙山逃顶第五步

【“巨量流星”逃顶定式主力行为模式】

看完了价量和指标，我们需要对表象背后的人进行一些分析，主要是主力和散户之间的行为关系。请看图 4-12，古越龙山创出新高之后，成交量也同步放大，此后股价深幅回落，表明散户在高位追买了该股，那么大量的卖出方是谁呢？这个就很难说了，主力可能在大量卖出，也可能没有大量卖出。

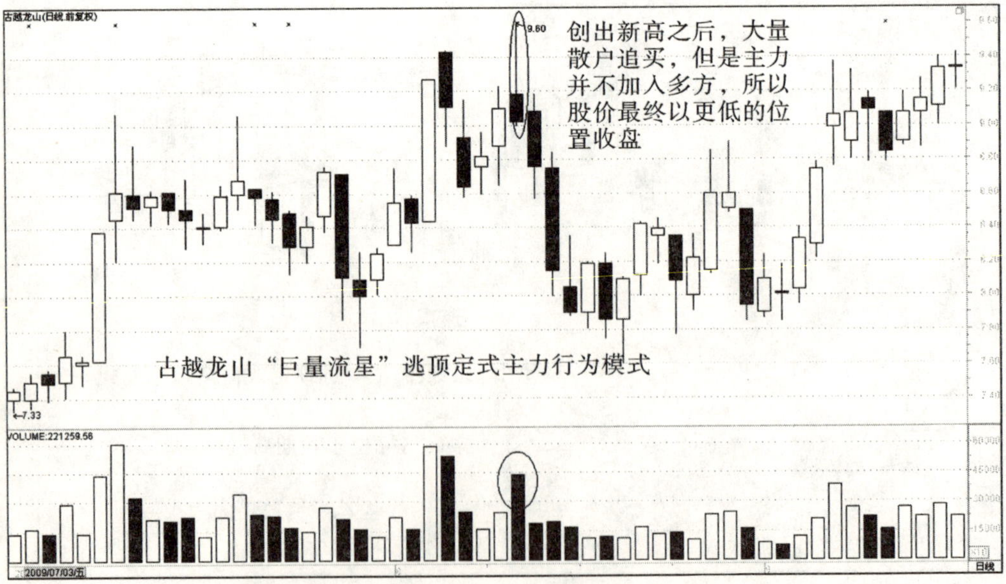

图 4-12　古越龙山“巨量流星”的主力行为模式

古越龙山逃顶第六步

【“巨量流星”逃顶定式的减仓法则】

从多个方面确认了古越龙山走势中出现的“巨量流星”定式，则接下来我们就需要进行减仓操作了。请看图 4－13，在巨量流星线收盘前的两分钟内卖出 1/2 到 2/3 的仓位，这样就可以减轻自己的心理和资金压力了。

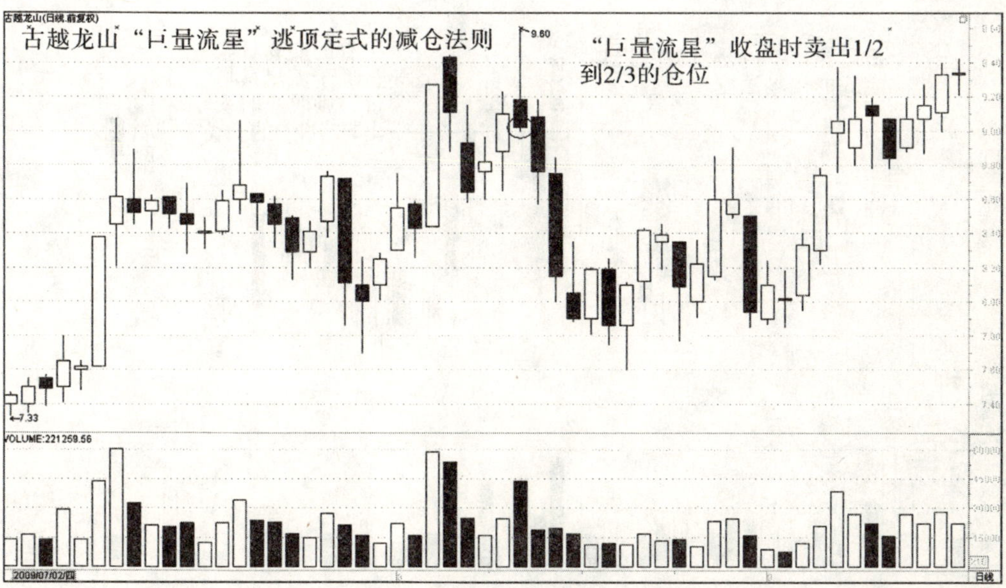

图 4－13　古越龙山“巨量流星”的减仓

古越龙山逃顶第七步

【“巨量流星”逃顶定式的出场法则】

此后古越龙山的股价进一步下挫，当收盘价跌破“流星线”最低价时，我们就应该卖出 1/2 到 2/3 的仓位，如图 4－14 所示。

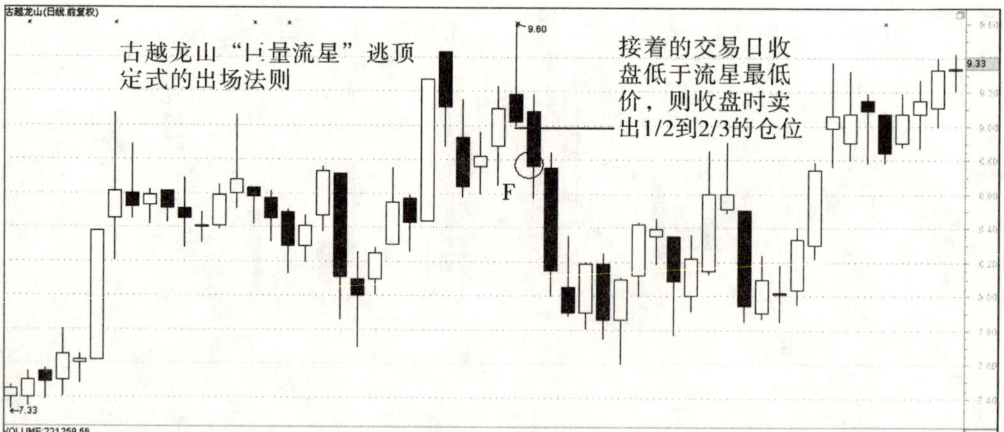

图 4－14　古越龙山“巨量流星”的出场

◇　完美逃顶“真传一句话”秘籍

逃顶的技巧重在操作，而不是分析，很多分析的理论大家都在讲，大家都在用，但是最后却很难成功逃顶，最后只能认为分析无效。其实，决定逃顶能否成功的不是分析，而是操作，最关键的操作就是分仓卖出。

逃顶实操全记录

（请你动脑和动笔运用本招的要诀在近期 A 股中实践逃顶理论）

股票名称或者代码

分析和操作日期

逃顶第一步　“巨量流星”逃顶定式模型

逃顶第二步　“巨量流星”逃顶定式价量模式

逃顶第三步　“巨量流星”逃顶定式趋势指标模式

逃顶第四步　“巨量流星”逃顶定式振荡指标模式

逃顶第五步　“巨量流星”逃顶定式主力行为模式

逃顶第六步　“巨量流星”逃顶定式的减仓法则

逃顶第七步　“巨量流星”逃顶定式的出场法则

操作结果和总结

第五招　闪电霹雳

★ 精髓提要

七步完美逃顶路线图之“闪电霹雳”

逃顶第一步　“闪电霹雳”　逃顶定式模型
逃顶第二步　“闪电霹雳”　逃顶定式价量模式
逃顶第三步　“闪电霹雳”　逃顶定式趋势指标模式
逃顶第四步　“闪电霹雳”　逃顶定式振荡指标模式
逃顶第五步　“闪电霹雳”　逃顶定式主力行为模式
逃顶第六步　“闪电霹雳”　逃顶定式的减仓法则
逃顶第七步　“闪电霹雳”　逃顶定式的出场法则

价格存在很多运动模式，无论是哪种模式，基本都可以归纳为升降，这种化繁为简的思路是可行的，但是却未必是有用的。简单的东西可以带来很多哲学上的东西，却极少带来实用性方面的突破。不过，也有极少数简单的东西可以带来极高的效用，比如我们在本章将要介绍的“闪电霹雳”逃顶定式，这一定式基于非常简单的价格模式，这种模式可以很普遍地在股价运动的顶部看到。A 股各类指数的顶部往往都有这一定式的出现。

南京高科逃顶第一步

【"闪电霹雳"逃顶定式模型】

所谓"闪电霹雳"就是股价在高位出现了像闪电一样的走势价格，"下跌—反弹—继续下跌（创出新低）"，请看图5-1，这是南京高科的日线走势图，图中标注的那段走势就是典型的"闪电霹雳"，一旦出现这种定式，则后市下跌的概率很大。

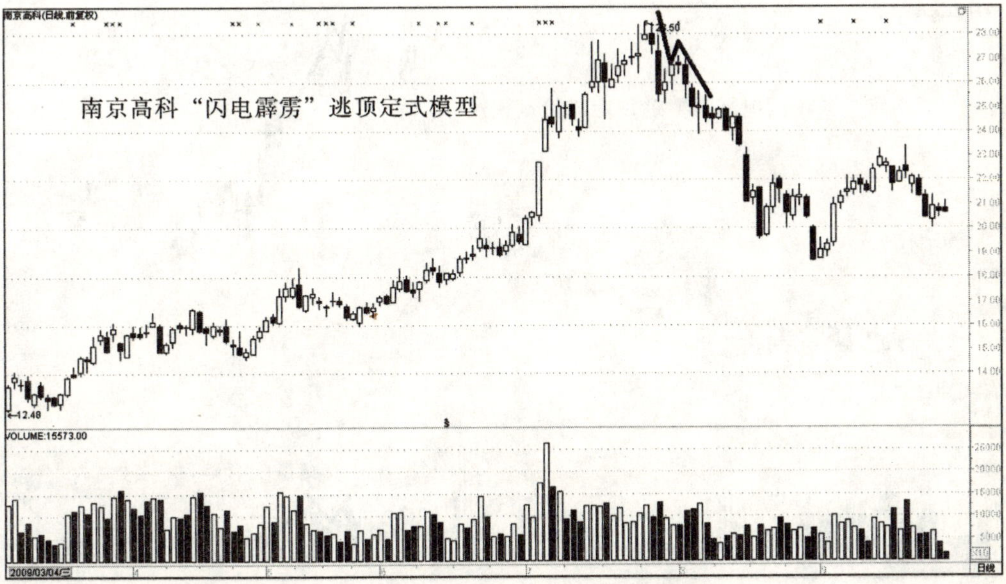

图5-1 南京高科的"闪电霹雳"

南京高科逃顶第二步

【"闪电霹雳"逃顶定式价量模式】

见到"闪电霹雳"之后，我们还要查看成交量的相关情况，以便能够进一步提高自己卖出的准确性。南京高科出现"闪电霹雳"的时候，成交量也配合着运动，下跌逐渐缩量，反弹放量，下跌又逐渐缩量，如图 5－2 所示。反弹出现量峰，表明随着反弹卖盘逐渐增加，所以反弹过程中的成交量高点往往就是反弹的高点。当股价以较低的量跌破前期低点之后，下跌趋势形成了。

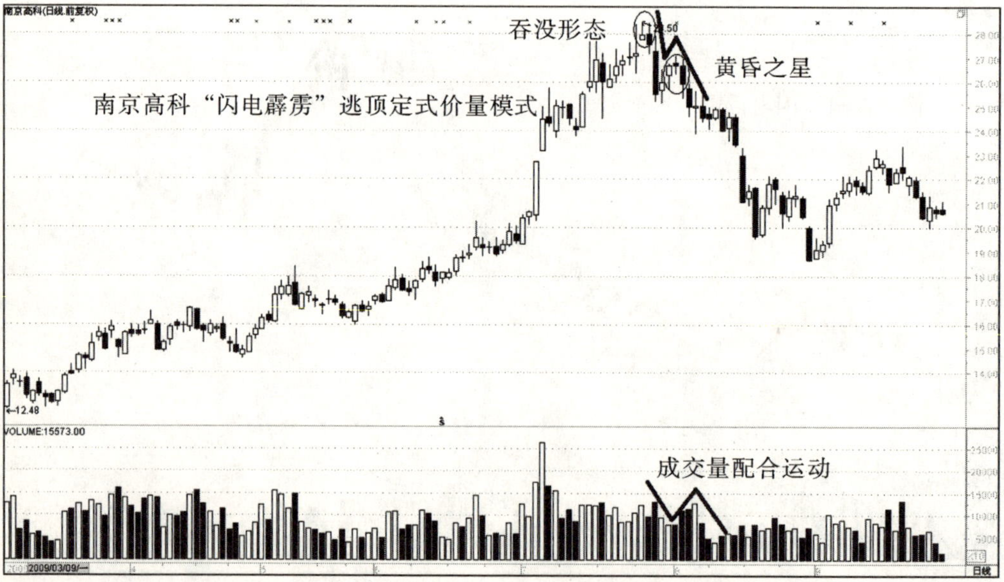

图 5－2　南京高科"闪电霹雳"的量价模式

南京高科逃顶第三步

【“闪电霹雳”逃顶定式趋势指标模式】

价量关系是逃顶分析中较为基础的方面，在此基础上方能展开主力行为分析，同时辅以必要的趋势分析和指标分析。请看图 5－3，“闪电霹雳”出现的时候，趋势动量指标 MACD 在相应的高位形成了死叉，也就是说上去的势头弱了，下来的势头强了，后市下跌的可能性更大了。

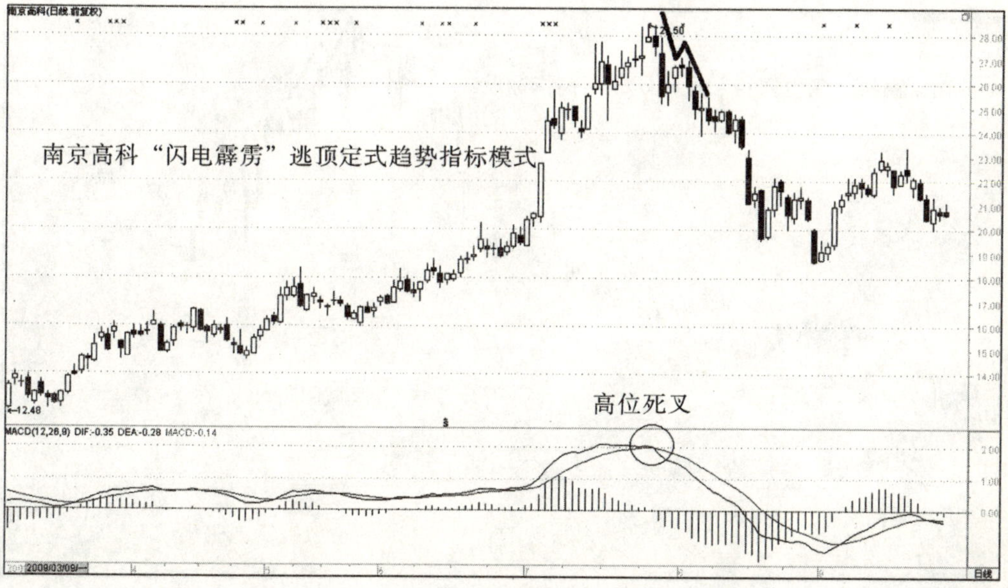

图 5－3　南京高科“闪电霹雳”的趋势指标模式

南京高科逃顶第四步

【"闪电霹雳"逃顶定式振荡指标模式】

看了趋势动量指标，还要看看振荡指标，请看图5－4，南京高科在形成"闪电霹雳"的时候，对应的振荡指标KD也在超买区域附近死叉，这就是说市场人气达到一个极点之后已经开始转折向下了。

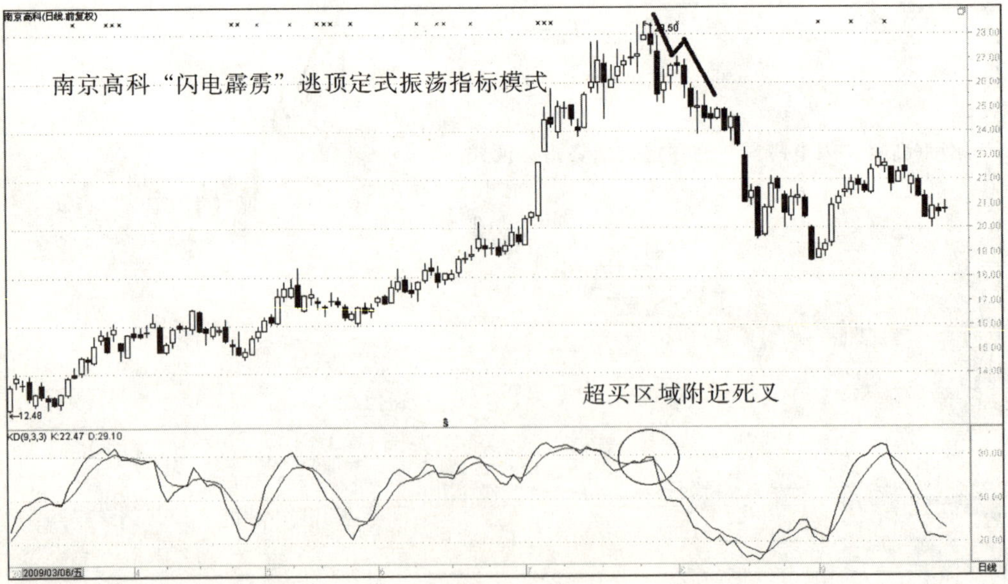

图5－4　南京高科"闪电霹雳"的振荡指标模式

南京高科逃顶第五步

【"闪电霹雳"逃顶定式主力行为模式】

那么，在南京高科的主力行为模式中有什么样的表现呢？请看图5-5，股价在前期上涨过程中拉出很高的量，基本是天量了，之后股价横盘整理，没有下跌，继续上涨，可以看出短期主力可能在此区域拔高建仓了。触及此区域还没有获得支撑，表明要么主力无力护盘，要么早就做了短庄逃跑了。

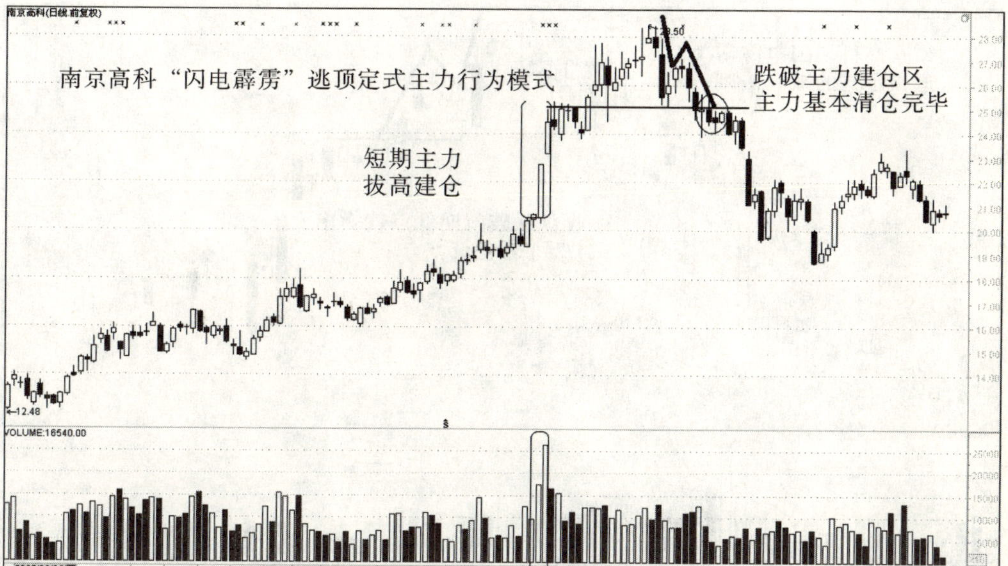

图5-5 南京高科"闪电霹雳"的主力行为模式

南京高科逃顶第六步

【"闪电霹雳"逃顶定式的减仓法则】

确认了南京高科"闪电霹雳"之后，我们进行逃顶的具体操作，请看图5－6所示。当K线的收盘价低于"闪电霹雳"的最低价时，卖出1/2到2/3的仓位。跌破"闪电霹雳"的前期低点基本可以看作是上升趋势的改变，所以卖出大部分仓位应该是一个明智的选择，上证指数上的"闪电霹雳"就具有很高的预示作用，大家下来后可以翻翻历史上那些标注指数顶部的"闪电霹雳"。

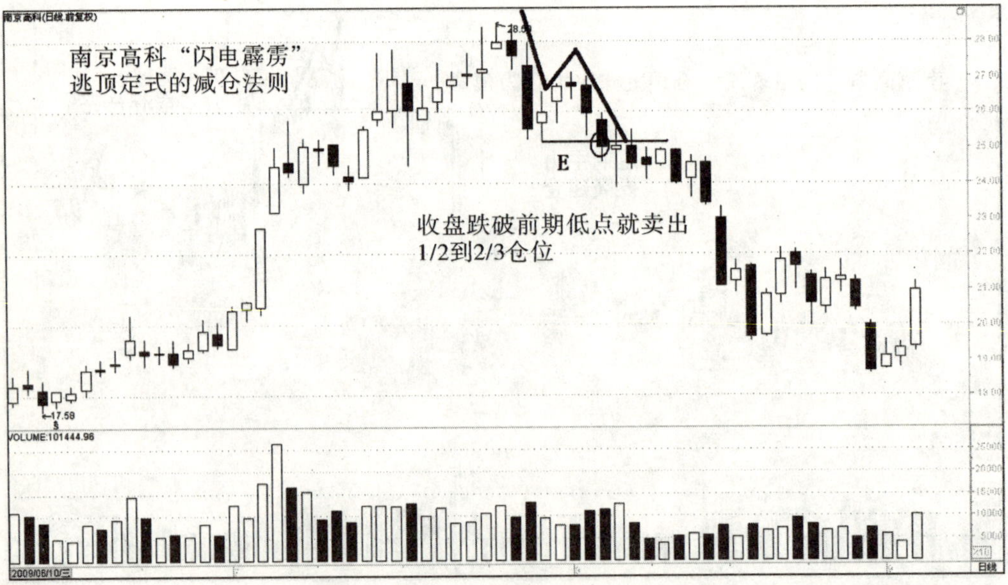

图5－6　南京高科"闪电霹雳"的减仓

南京高科逃顶第七步

【"闪电霹雳"逃顶定式的出场法则】

卖出一部分南京高科以后，要静观股价变化，如果股价就此上涨，则继续持仓，如果再次收盘低于前期低点，则表明下跌的趋势几乎不可避免，则应该卖出几乎所有仓位。如图 5－7 所示，南京高科的股价走势再度收盘于前期低点之下，所有抛出一切南京高科股票是不可避免的，具体卖出时机实在收盘前两分钟内。

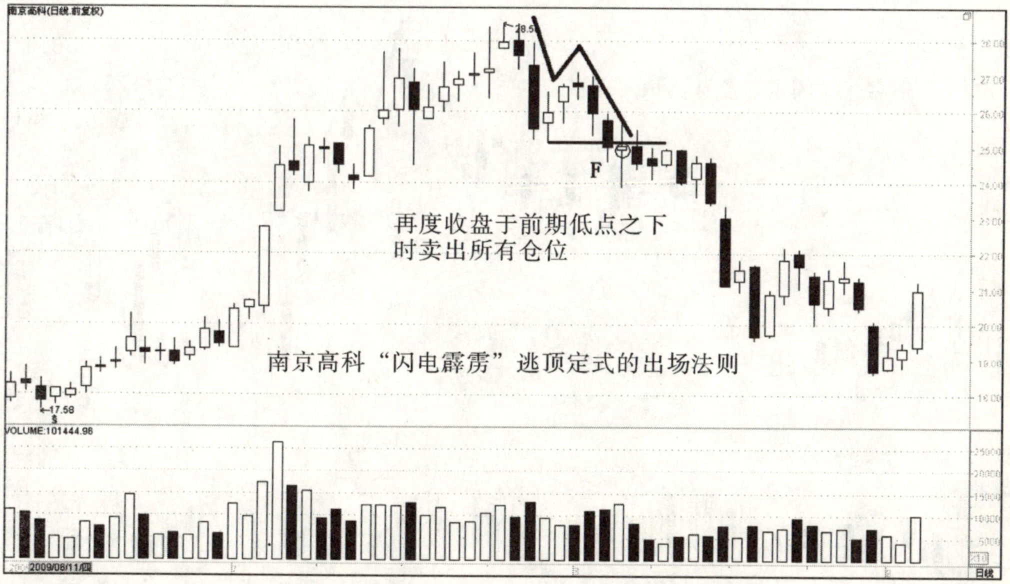

图 5－7　南京高科"闪电霹雳"的出场法则

宇通客车逃顶第一步

【"闪电霹雳"逃顶定式模型】

再来看一个"闪电霹雳"逃顶定式的实例，请看图5-8，这是宇通客车的日线走势图。股价从高点顺势而下，形成一个"闪电霹雳"，当然这只是一个初步判断，还需要进一步的分析和判断。

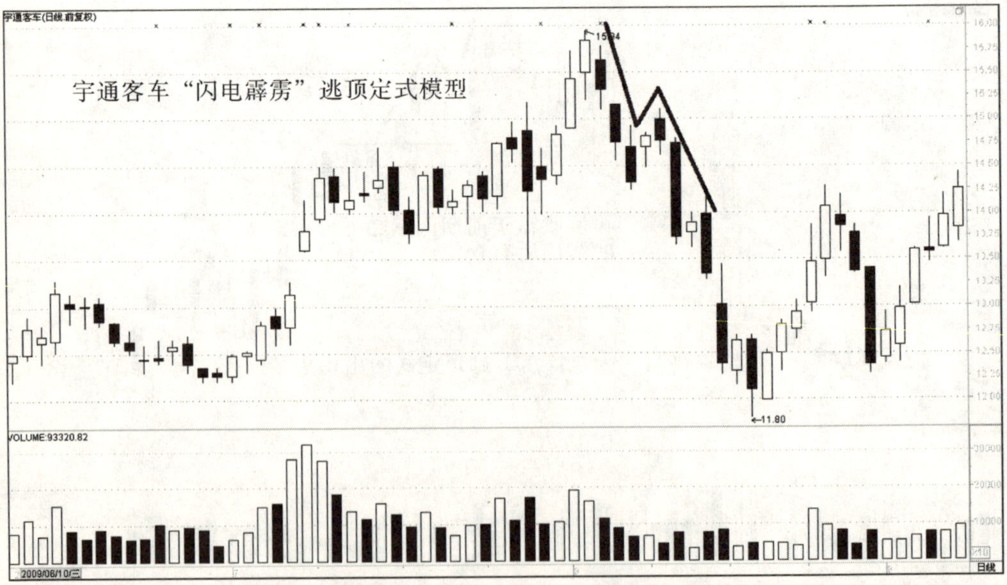

图5-8　宇通客车的"闪电霹雳"

宇通客车逃顶第二步

【“闪电霹雳”逃顶定式价量模式】

接着，我们分析宇通客车“闪电霹雳”的价量模式，请看图 5－9。当股价从 15.94 元的高低倾泻而下时，成交量也配合着运动，“下跌—反弹—继续下跌”与“缩量—放量—再度缩量”相配合。

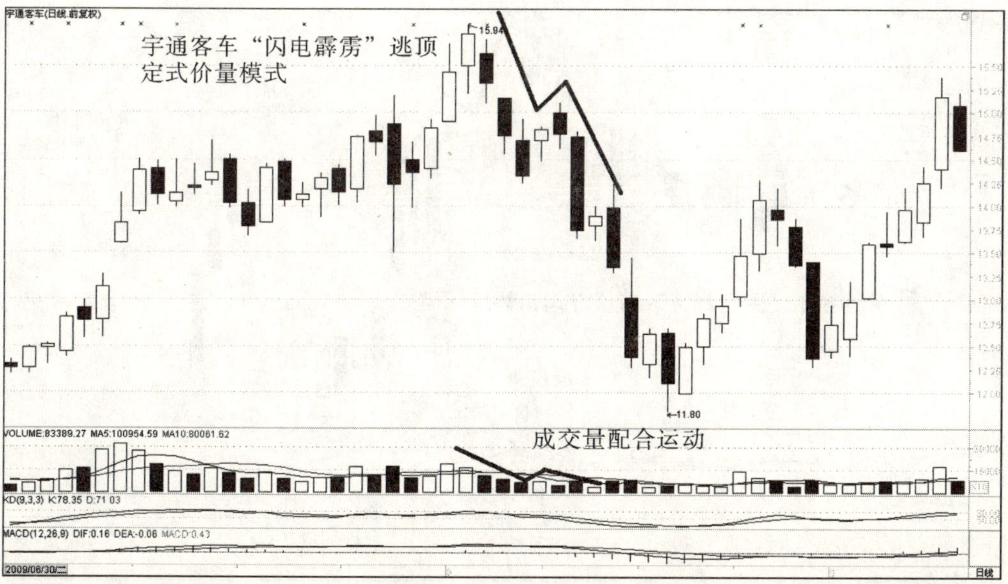

图 5－9 宇通客车“闪电霹雳”的价量

宇通客车逃顶第三步

【“闪电霹雳”逃顶定式趋势指标模式】

宇通客车的“闪电霹雳”出现时，趋势指标 MACD 出现了高位死叉，上升趋势转为下降趋势，如图 5－10 所示，后市下跌的可能性进一步增加了。

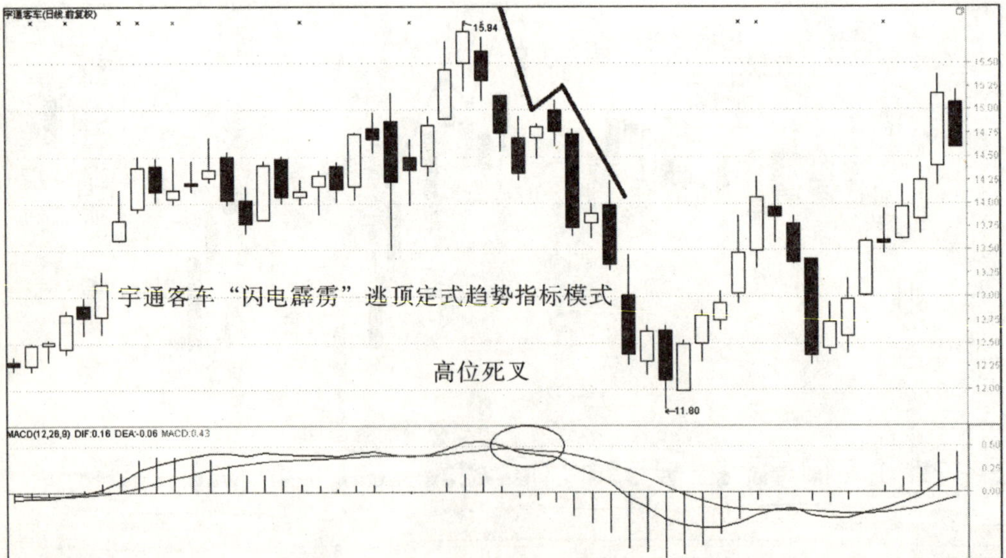

图 5－10　宇通客车“闪电霹雳”的趋势指标模式

宇通客车逃顶第四步

【“闪电霹雳”逃顶定式振荡指标模式】

第四步，我们查看宇通客车出现“闪电霹雳”的时候，振荡指标的表现如何，请看图 5－11，KD 指标出现了高位死叉，表明市场转而下跌的可能性很大，进一步确认了“闪电霹雳”提供的卖出信息。

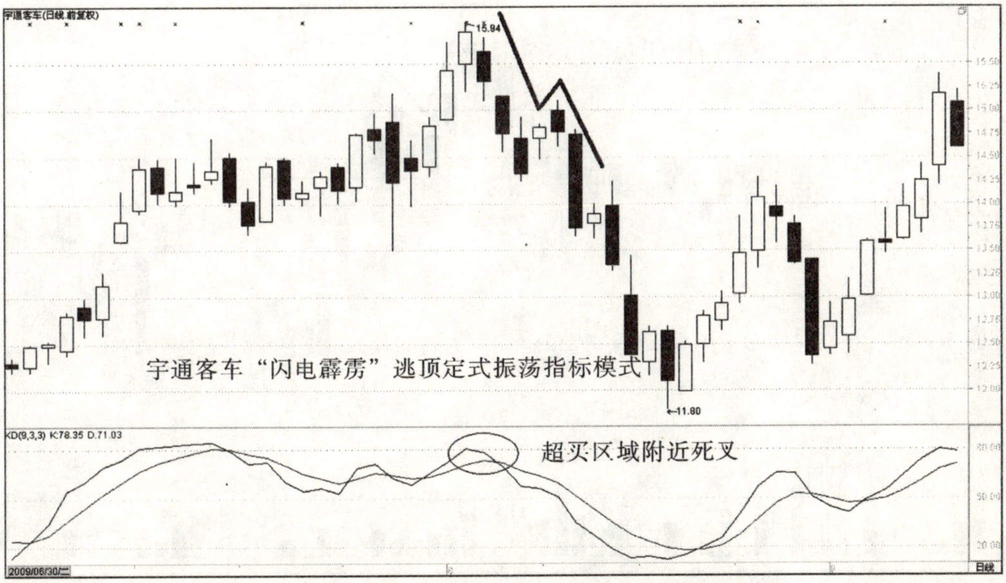

图 5－11　宇通客车“闪电霹雳”的振荡指标模式

宇通客车逃顶第五步

【“闪电霹雳”逃顶定式主力行为模式】

现在展开宇通客车的主力行为模式分析，请看图 5 - 12，在该股前期上升过程中，有一段迅速的跳空拉升走势，成交量连续数日放大，此后股价并没有回落，而是在此区域之上横盘整理，这表明短期主力可能是在拉升几日拔高建仓，此后通过整理行情消化卖盘压力，此后通过飙升吸引散户追高买入，主力则趁机出货，此后主力建仓区没有支撑迹象，所以此后下跌的可能性很大。

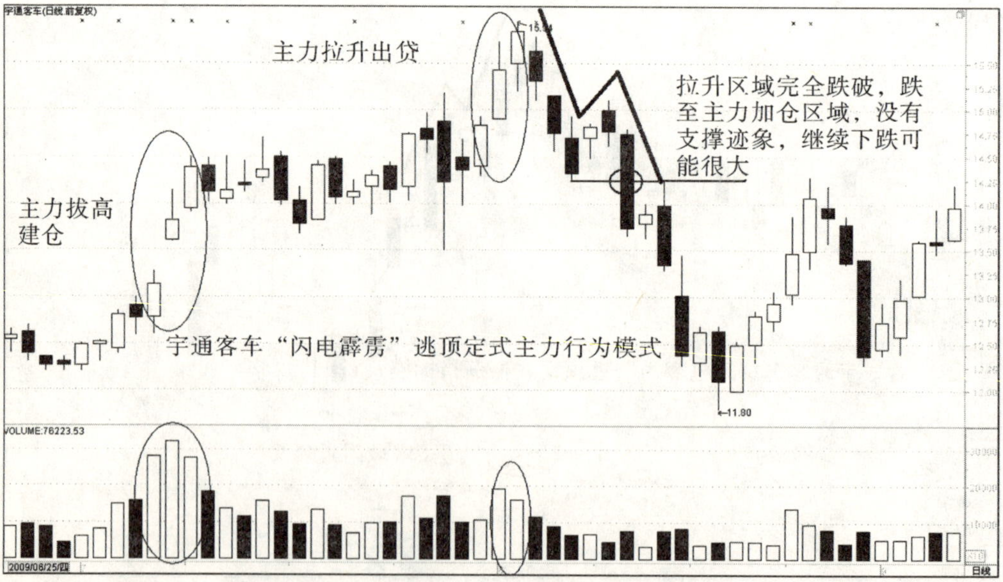

图 5 - 12　宇通客车“闪电霹雳”的主力行为模式

宇通客车逃顶第六步

【“闪电霹雳”逃顶定式的减仓法则】

确认了宇通客车的“闪电霹雳”之后，开始进行逃顶操作，首先是减仓操作，请看图 5－13，当该股价格跌破前期低点时就卖出 1/2 到 2/3 的仓位。跌破前低，十有七八会继续下跌，而且是大跌，下降趋势开始的概率很大。

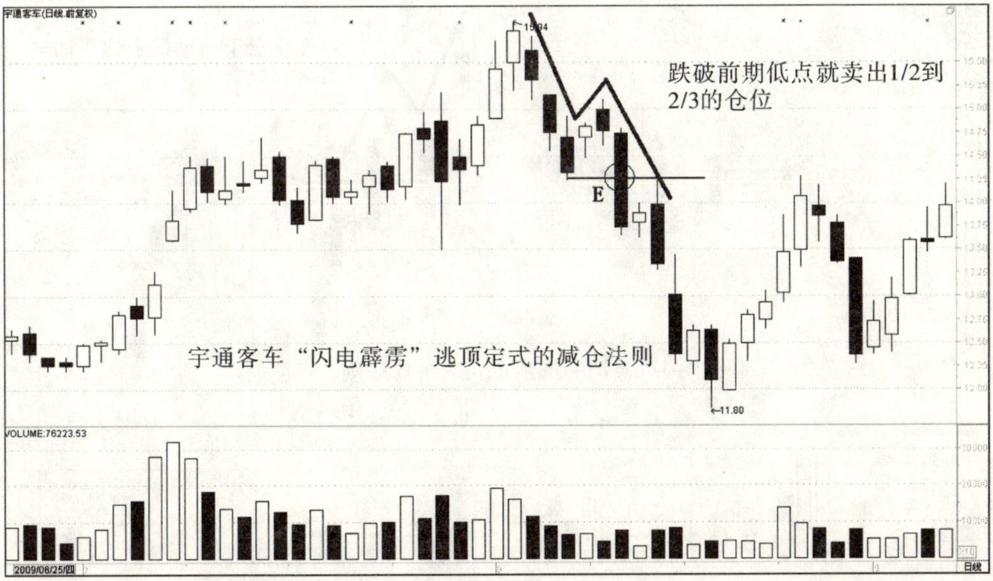

图 5－13　宇通客车“闪电霹雳”的减仓法则

宇通客车逃顶第七步

【“闪电霹雳”逃顶定式的出场法则】

卖出部分宇通客车的仓位之后，等待股价的指引，让市场本身告诉我们接下来应该怎么操作？如图 5－14 所示，此后该股再度收盘于前期低点之下，在收盘前两分钟内卖出所有仓位，对于散户的资金和持仓来讲一般不存在成交困难问题。

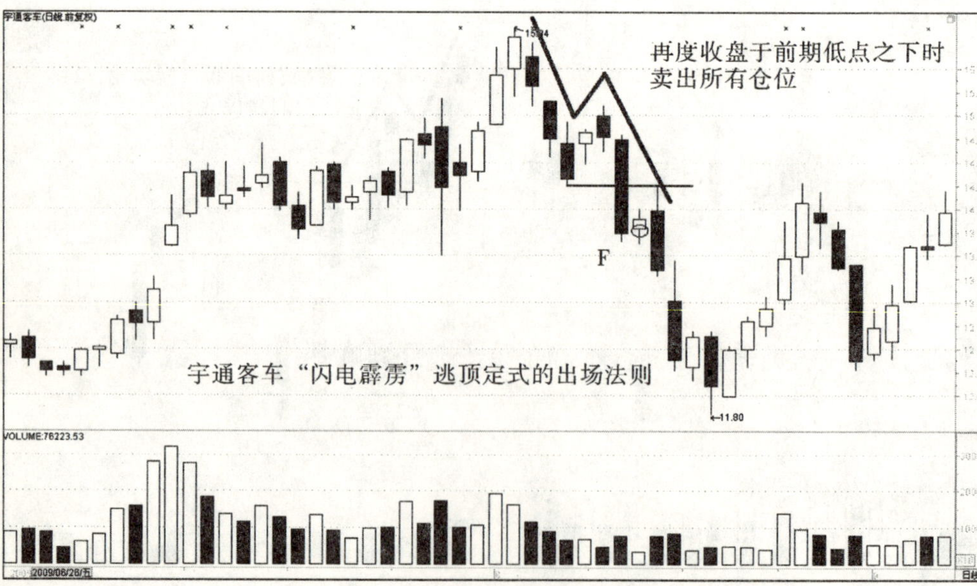

图 5－14　宇通客车“闪电霹雳”的出场法则

◇ 完美逃顶"真传一句话"秘籍

人生很多事情需要去坦然面对，那就是适当时候要放手，放手是防守，更是另外一种形式的进攻，炒股也是一样，逃顶并不是真正地逃了、放弃了，而是为了保存胜利的果实，同时为下一次进攻保存实力。

逃顶实操全记录

（请你动脑和动笔运用本招的要诀在近期 A 股中实践逃顶理论）

股票名称或者代码

分析和操作日期

逃顶第一步 "闪电霹雳"逃顶定式模型

逃顶第二步 "闪电霹雳"逃顶定式价量模式

逃顶第三步 "闪电霹雳"逃顶定式趋势指标模式

逃顶第四步 "闪电霹雳"逃顶定式振荡指标模式

逃顶第五步 "闪电霹雳"逃顶定式主力行为模式

逃顶第六步 "闪电霹雳"逃顶定式的减仓法则

逃顶第七步 "闪电霹雳"逃顶定式的出场法则

操作结果和总结

第六招　量峰跟进

★ 精髓提要

七步完美逃顶路线图之“量峰跟进”

逃顶第一步　“量峰跟进”逃顶定式模型
逃顶第二步　“量峰跟进”逃顶定式价量模式
逃顶第三步　“量峰跟进”逃顶定式趋势指标模式
逃顶第四步　“量峰跟进”逃顶定式振荡指标模式
逃顶第五步　“量峰跟进”逃顶定式主力行为模式
逃顶第六步　“量峰跟进”逃顶定式的减仓法则
逃顶第七步　“量峰跟进”逃顶定式的出场法则

成交量很少为普通的炒家所关注，这是什么原因呢？毕竟不少炒家都认为股价的涨跌直接与自己的盈亏有关联，成交量显得不痛不痒，虽然不少短线高手强调了价量关系的重要性，但是只有极少数的人真正从成交量的角度去看待股票交易的本质。成交量隐藏了很多不为人知的信息，这些信息很多炒家都不清楚，这也是成交量能够给炒家带来绝妙信号的原因。以成交量信号作为逃顶信号，前面讲解的几招逃顶定式可以看出成交量在其中的重要性，比如巨量和天量在高位出现，对应当日股价上攻失败，这种情况下后市下跌的可能性极大。在本章，我们专门介绍一种利用成交量逃顶的方式，这就是“量峰跟进”逃顶定式。

冠城大通逃顶第一步

【“量峰跟进”逃顶定式模型】

我们来看第一个例子，请看图6－1，这是冠城大通的日线走势图，假设炒家在A价格线处买入，则特定交易日成交量低于前一个交易日时就在该日最低价下设定止损，如此移动下去……当股价跌破此止损时就应该卖出了，这就是“量峰跟进”操作的一般模式。

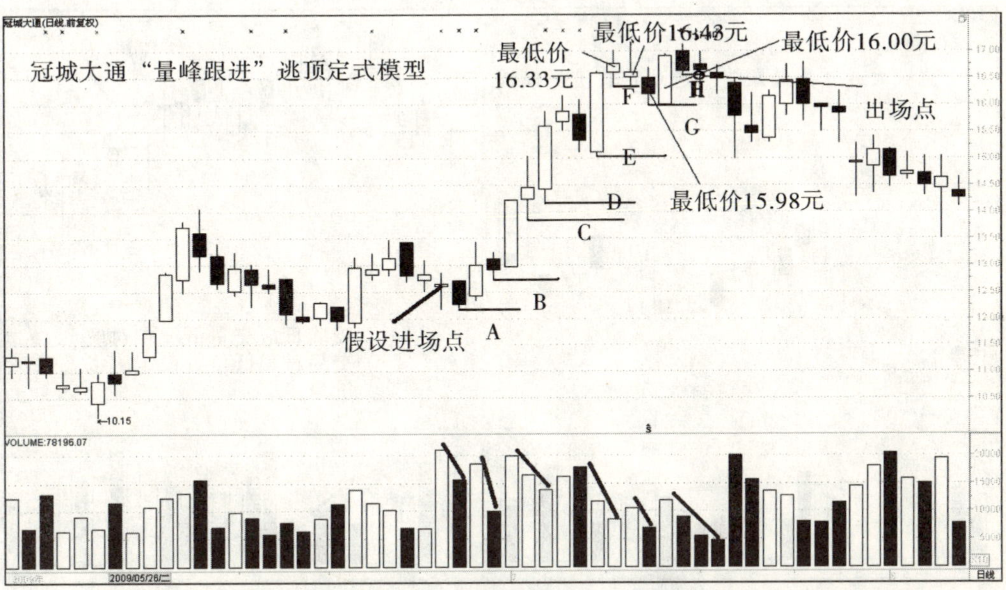

图6－1　冠城大通的“量峰跟进”定式模型

冠城大通逃顶第二步

【“量峰跟进”逃顶定式价量模式】

对于“量峰跟进”的价量关系的认识，我们可以从图 6－2 中看到这个逃顶定式的价量模式，买入之后，当成交量低于前一交易日时，就在该交易日最低价处设定出场价位，当股价跌破此价位就应该启动卖出机制。

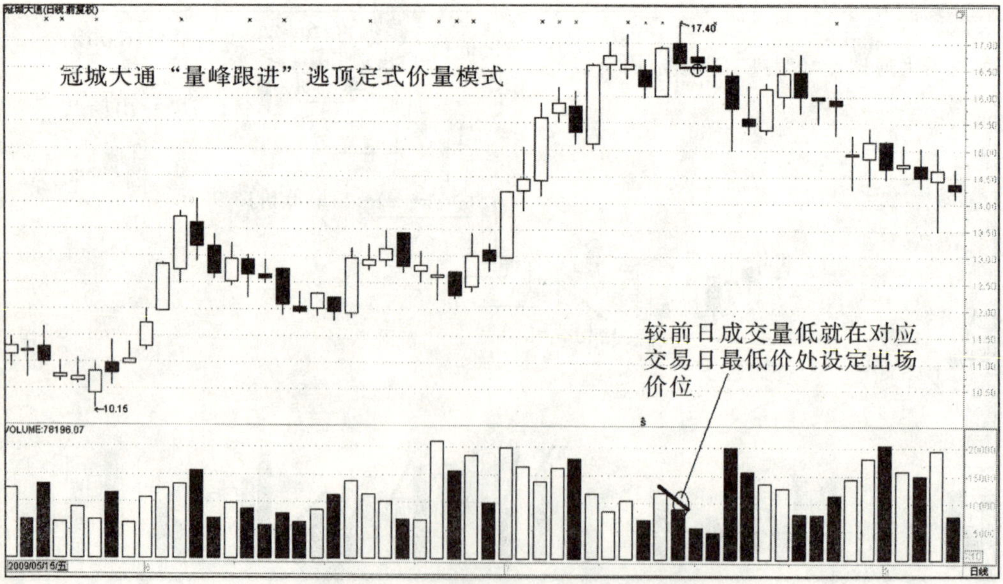

图 6－2 冠城大通“量峰跟进”的价量模式

冠城大通逃顶第三步

【“量峰跟进”逃顶定式趋势指标模式】

通常情况下，炒家根据“量峰跟进”逃顶定式中的“价量模式”就可以很好地进行逃顶操作了，如果还想进一步提高胜率，则可以查看相应的趋势指标和振荡指标。如图 6－3 所示，冠城大通股价在跌破“量峰跟进”之前一直处于 8 日移动平均线附近运动，这表明上升趋势已经减弱了，后市下跌的可能性很大。

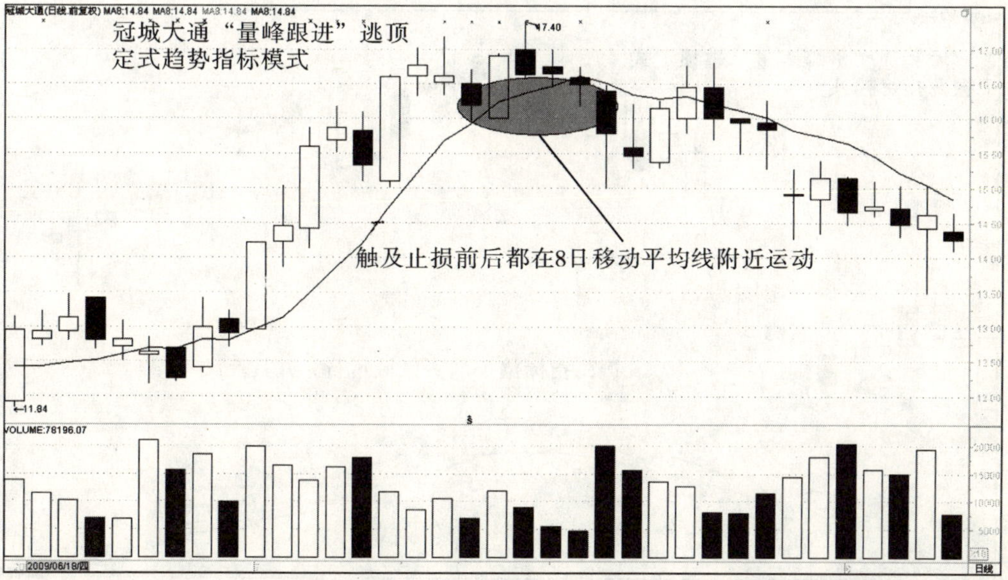

图 6－3　冠城大通“量峰跟进”的趋势指标模式

冠城大通逃顶第四步

【“量峰跟进”逃顶定式振荡指标模式】

从趋势分析的角度来看，冠城大通的上升趋势在减弱，那么从对应的振荡分析来看呢？请看图6－4，在跌破触发之前，振荡指标已经在超买区域运行，并且死叉，确认了此后跌破的效力。

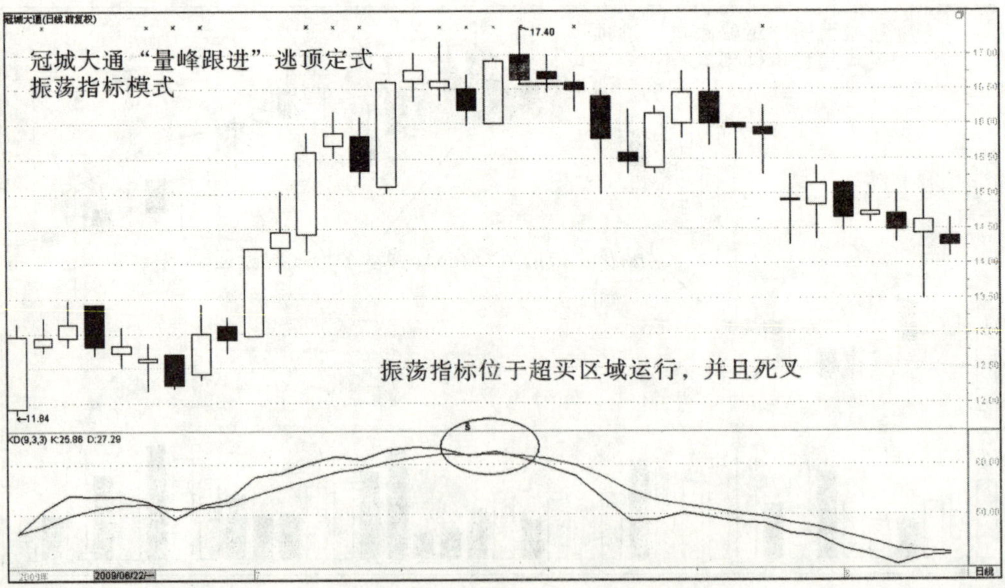

图6－4　冠城大通“量峰跟进”的振荡指标模式

冠城大通逃顶第五步

【"量峰跟进"逃顶定式主力行为模式】

冠城大通出现"量峰跟进"逃顶定式之前主力有什么表现呢？请看图6-5，主力在股价低位横盘的时候出现了放量的迹象，这是主力洗筹—吸筹的表现，之后快速拉升脱离成本区域，不久之后又开始横盘，这可能是主力出货或者是再洗盘的表现。

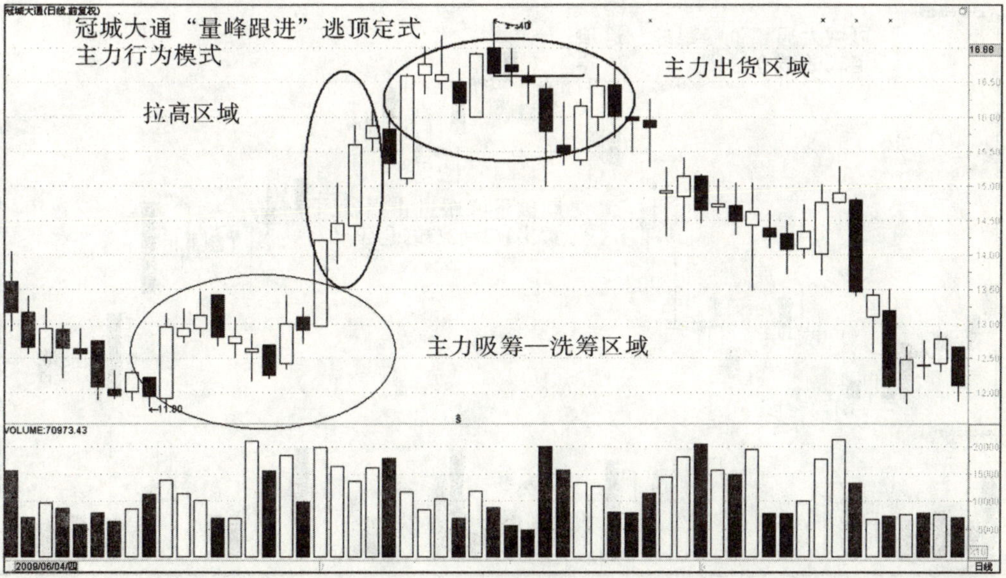

图6-5 冠城大通"量峰跟进"的主力行为模式

冠城大通逃顶第六步

【"量峰跟进"逃顶定式的减仓法则】

当"量峰跟进"止损被触及时，如图中的 E 处，则需要卖出 1/2 到 2/3 的仓位，请看图 6－6，冠城大通的股价跌破跟进止损时，就应该卖出部分的仓位。

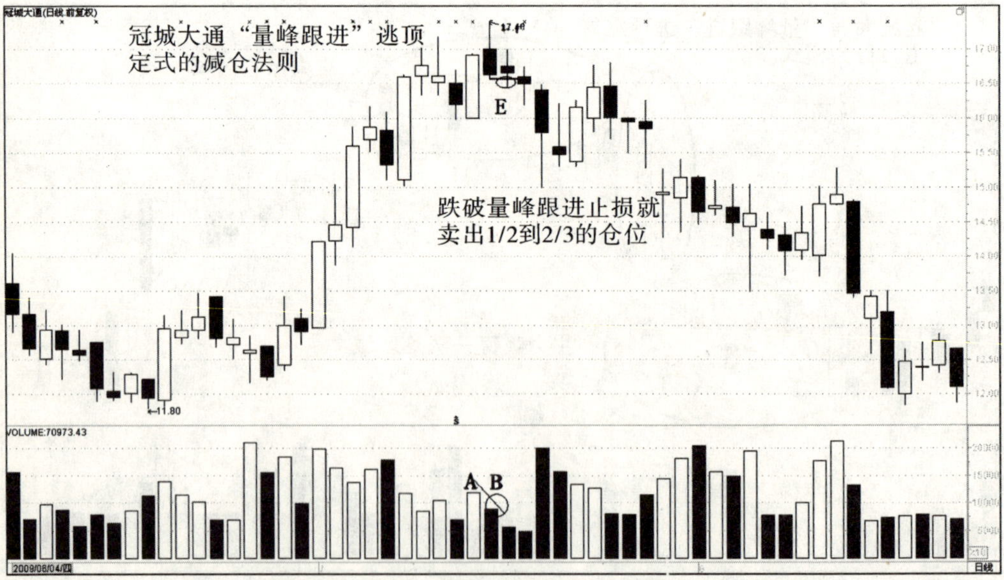

图 6－6　冠城大通"量峰跟进"的减仓法则

冠城大通逃顶第七步

【“量峰跟进”逃顶定式的出场法则】

卖出部分仓位之后，静观冠城大通的走势，如果此后收盘于量峰跟进止损之下，则卖出所有的仓位，本例中的 F 处就是清仓处，如图 6－7 所示。

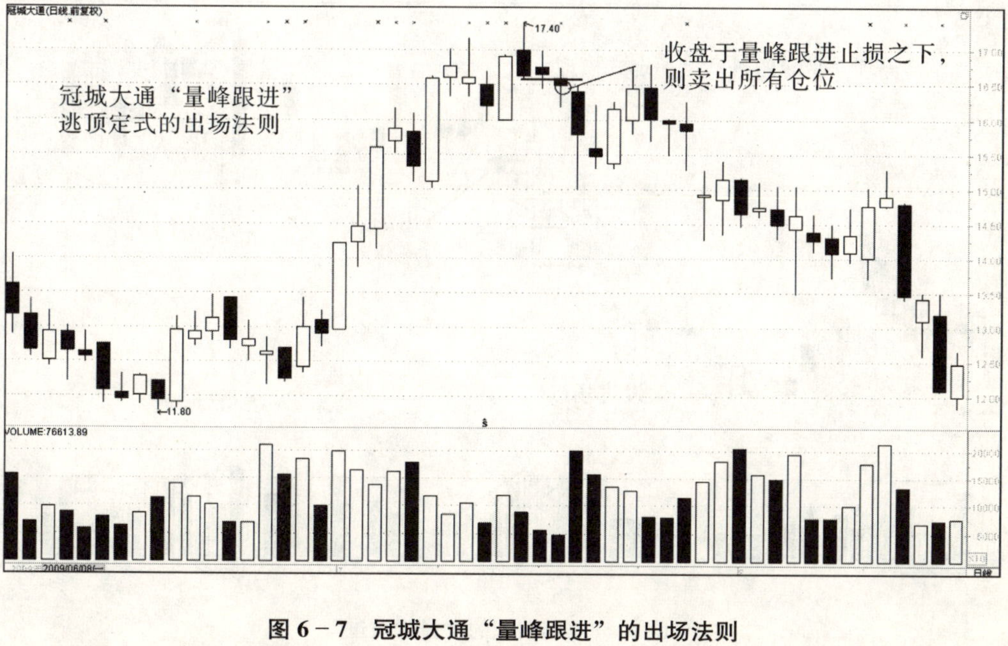

图 6－7　冠城大通“量峰跟进”的出场法则

葛洲坝逃顶第一步

【"量峰跟进"逃顶定式模型】

"量峰跟进"属于一种较为死板的逃顶策略，无论你采用什么方式进场，都可以加上这个强有力的波段逃顶策略，我们再来看一个实例，这是葛洲坝的逃顶实例，请看图6-8。假设你在图中标注处进场买入，然后等待一个次低成交量交易日设定跟进止损点，首先是A处，然后是B处，最后是C处，股价最终触发了C处的出场信号。

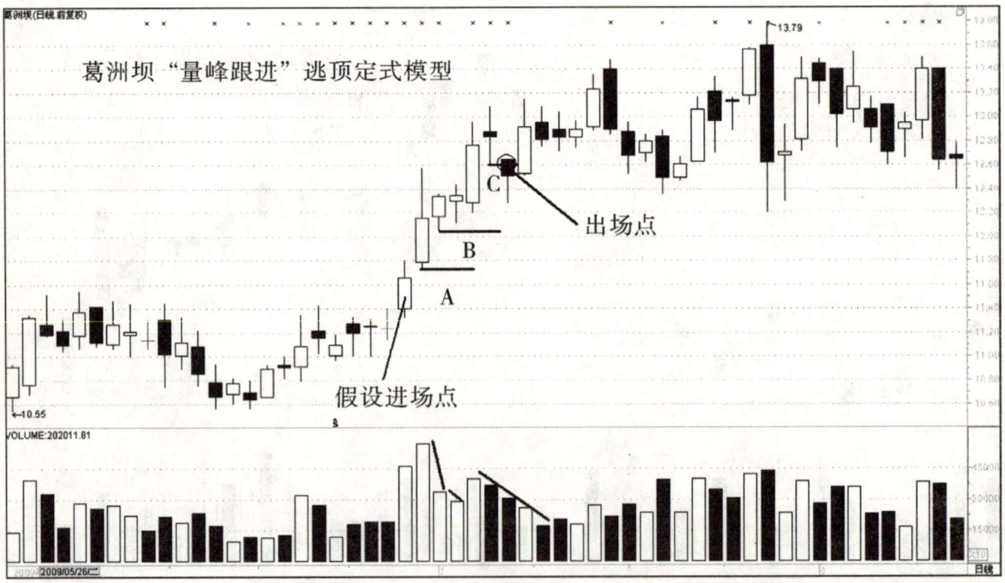

图6-8　葛洲坝的"量峰跟进"

葛洲坝逃顶第二步

【“量峰跟进”逃顶定式价量模式】

从价量模式中可以更清楚确认出所谓的“量峰跟进”模式，请看图6－9，持仓过程中等到一个成交量低于前一日的交易日，则将跟进止损设定在该价格线最低价之下，这样就可以及时在顶部退出了。在“量峰跟进”逃顶定式中，价量模式分析其实已经包含在第一步的基本模式分析中了，而此后的趋势指标模式分析和振荡指标模式分析，乃至主力行为模式分析也是为了提高操作者的信心而已，并非必要的部分，所以这种逃顶方法非常简单。

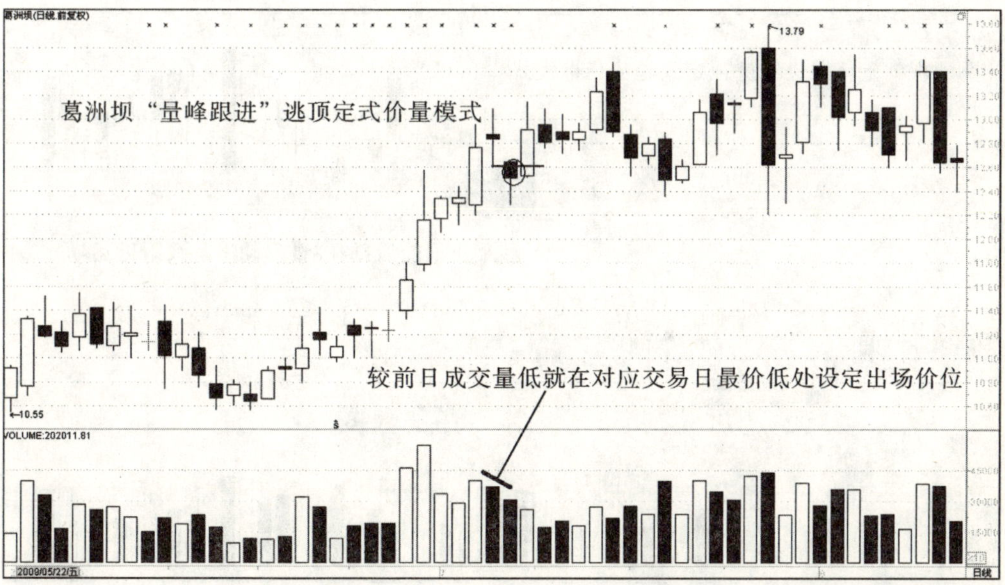

图6－9 葛洲坝“量峰跟进”的价量模式

葛洲坝逃顶第三步

【"量峰跟进"逃顶定式趋势指标模式】

葛洲坝在出现量峰跟进跌破之前，股价一直在8日移动平均线附近运动，说明上升趋势趋缓了，如图6-10所示。股价开始导致移动平均线的斜率减小，继续上升的动量不足了，下跌可能性上升了。

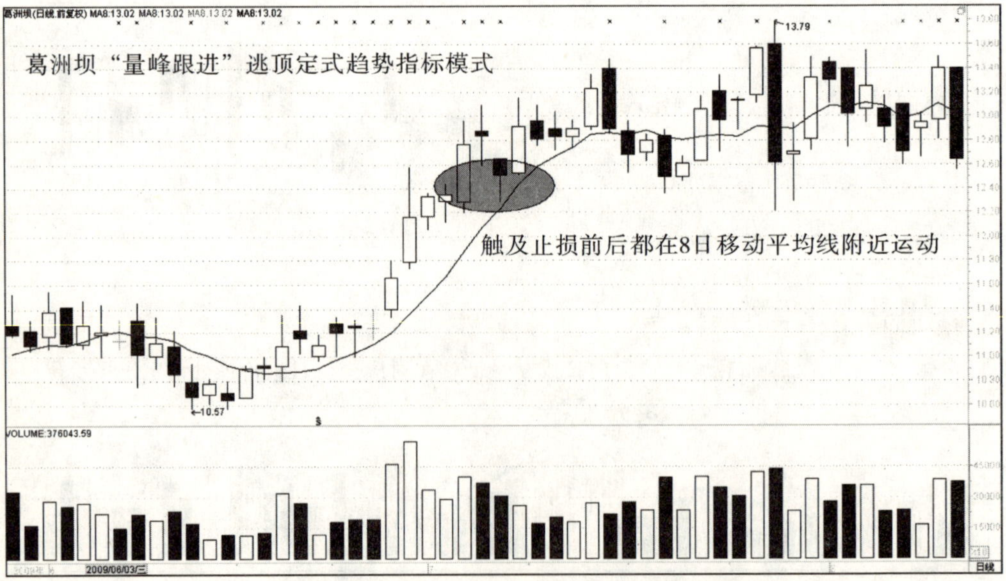

图6-10 葛洲坝"量峰跟进"的趋势指标模式

葛洲坝逃顶第四步

【"量峰跟进"逃顶定式振荡指标模式】

接着，再来看葛洲坝的振荡指标模式，请看图6－11，当跌破跟进止损之前，振荡指标已经位于超买区域运行了，出除非有强劲的消息刺激，后市继续上涨的可能性很小。

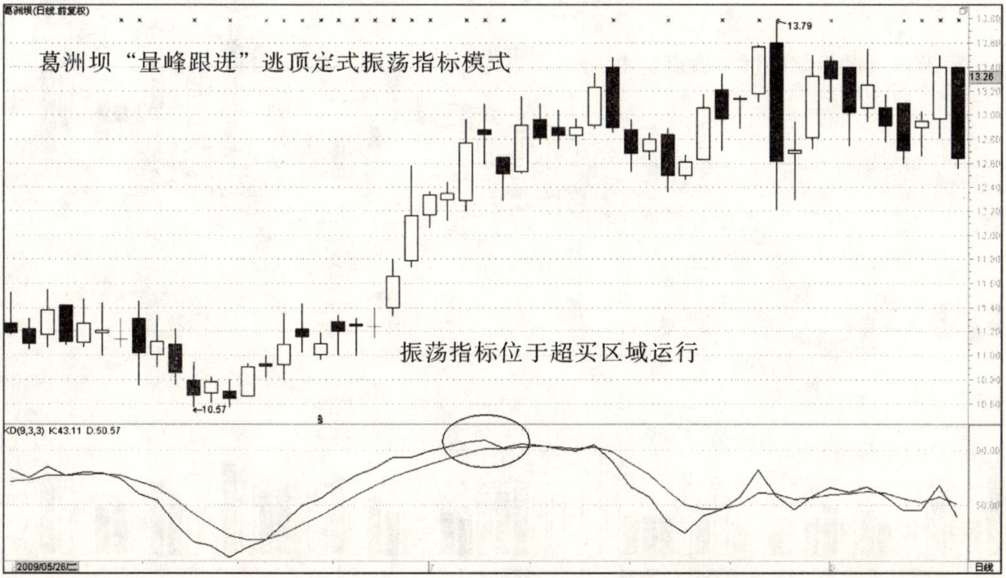

图6－11　葛洲坝"量峰跟进"的振荡指标模式

葛洲坝逃顶第五步

【“量峰跟进”逃顶定式主力行为模式】

基本上葛洲坝在出现跌破跟进止损之前，也走过了较为显著的短期主力运作三部曲：吸筹、拉升和出货，如图 6-12 所示。主力在一个较低的价位压着股价吸筹，然后迅速脱离成本区，不久股价横盘整理。

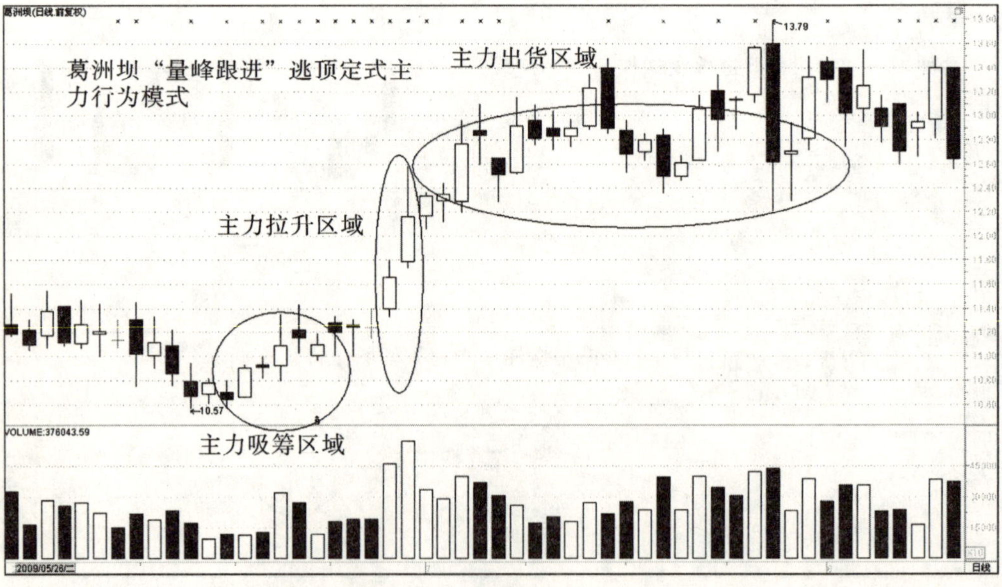

图 6-12　葛洲坝“量峰跟进”的主力行为模式

葛洲坝逃顶第六步

【“量峰跟进”逃顶定式的减仓法则】

单单根据“量峰跟进”逃顶定式的机械规则，在葛洲坝股价跌破止损点时就应该卖出 1/2 到 2/3 的仓位，如图 6－13 所示，图中的 E 点就是减仓区域。

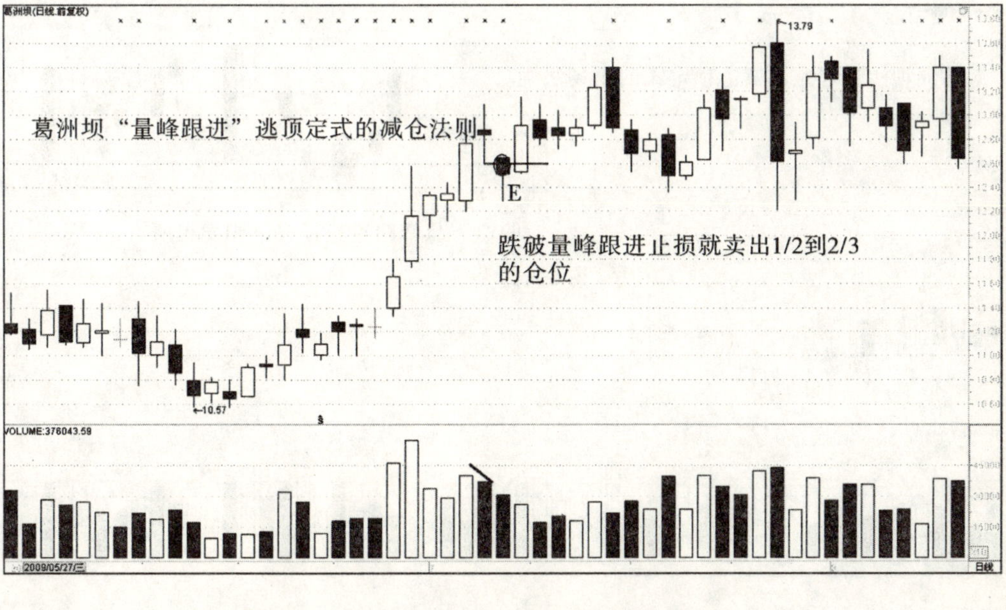

图 6－13　葛洲坝“量峰跟进”的减仓法则

葛洲坝逃顶第七步

【“量峰跟进”逃顶定式的出场法则】

卖出部分仓位之后，等待股价进一步的表现，以便我们及时作出决策，请看图 6－14，收盘于量峰跟进止损之下则卖出所有仓位，如图 F 点所示。实际的操作是在收盘前两分钟内，股价处于跟进止损点之下则卖出剩下的所有仓位。

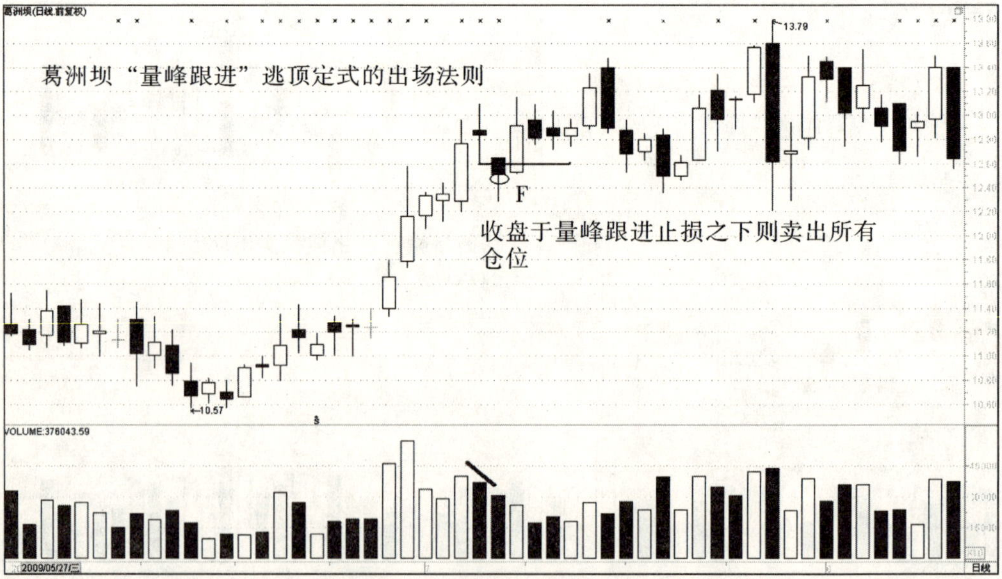

图 6－14　葛洲坝“量峰跟进”的出场法则

◇ 完美逃顶“真传一句话”秘籍

抄底是绝大多数人的真正追求，逃顶是绝大多数人的真正梦想。逃顶比抄底难，难在绝大多数炒家虽然想要逃顶，但是却没有怎么下工夫去琢磨如何逃顶。逃顶的要义在于力求与市场保持同步，力求在最大化利润和最小化亏损之间达成均衡。

逃顶实操全记录

（请你动脑和动笔运用本招的要诀在近期 A 股中实践逃顶理论）

股票名称或者代码

分析和操作日期

逃顶第一步 “量峰跟进”逃顶定式模型

逃顶第二步 “量峰跟进”逃顶定式价量模式

逃顶第三步 “量峰跟进”逃顶定式趋势指标模式

逃顶第四步 “量峰跟进”逃顶定式振荡指标模式

逃顶第五步 “量峰跟进”逃顶定式主力行为模式

逃顶第六步 “量峰跟进”逃顶定式的减仓法则

逃顶第七步 “量峰跟进”逃顶定式的出场法则

操作结果和总结

第七招 跌势吞没

★ 精髓提要

七步完美逃顶路线图之"跌势吞没"

逃顶第一步 "跌势吞没" 逃顶定式模型
逃顶第二步 "跌势吞没" 逃顶定式价量模式
逃顶第三步 "跌势吞没" 逃顶定式趋势指标模式
逃顶第四步 "跌势吞没" 逃顶定式振荡指标模式
逃顶第五步 "跌势吞没" 逃顶定式主力行为模式
逃顶第六步 "跌势吞没" 逃顶定式的减仓法则
逃顶第七步 "跌势吞没" 逃顶定式的出场法则

多空对比是K线的焦点所在，但是真正透过K线去理解多空对比的人很少，大多数散户都集中精力于技术指标，比如移动平均线，比如抛物线、KDJ、腾落指标等，这些东西不是说没有用，只是让我们忽略了最直接的信息，最原始的信息。炒股就是一个博弈，怎么能够忽略了参与者，而直接去看一些统计数据呢？在本章中，我们会介绍一个依据博弈原理展开的逃顶定式，这就是"跌势吞没"逃顶定式。

上海梅林逃顶第一步

【“跌势吞没”逃顶定式模型】

上海梅林从低价起步，一路上涨，基本没有阴线出现，到了10.99元附近一根大阴线将此前几天的涨势一股抵消，这根阴线的实体涵盖了前面一根阳线的实体，也就是说阴线的开盘价高于阳线的收盘价，而阴线的收盘价低于阳线的开盘价，这就是大阴包小阳，属于我们这里讲的“看跌吞没”，如图7－1所示。股票日线图上见到“跌势吞没”表明股价后市继续下跌的可能性很大。

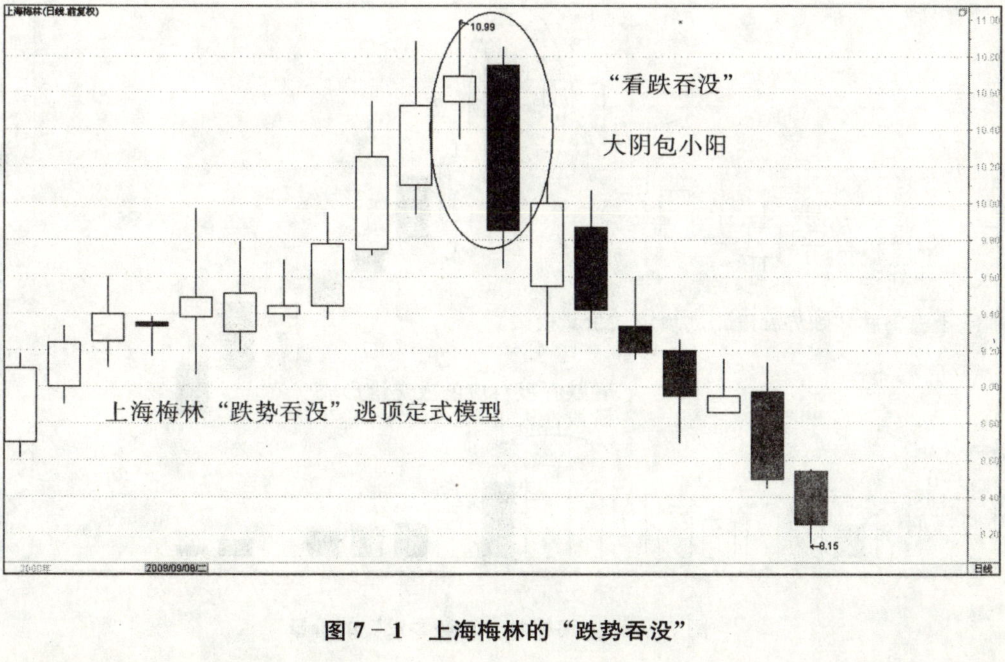

图7－1　上海梅林的“跌势吞没”

上海梅林逃顶第二步

【“跌势吞没”逃顶定式价量模式】

“跌势吞没”出现的时候，价量有什么表现呢？这是我们在利用“跌势吞没”逃顶定式的时候需要考虑的第二个问题。请看图7－2，在看跌吞没出现的时候，成交量放出了阶段性的天量，这就表明可能有主力在此位置出逃，后市下跌的可能性增加了。

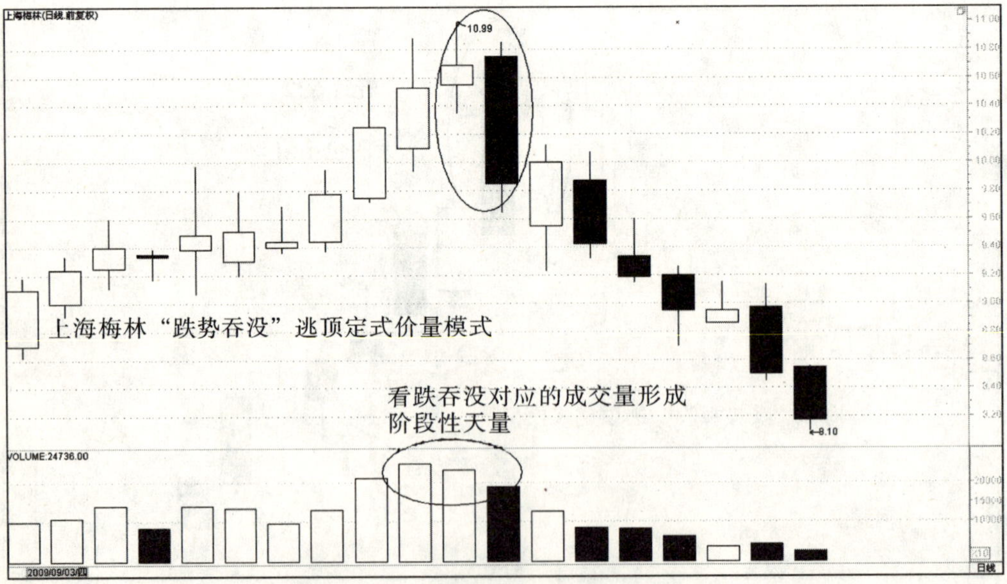

图7－2 上海梅林“跌势吞没”的价量

上海梅林逃顶第三步

【“跌势吞没”逃顶定式趋势指标模式】

接着，查看上海梅林的趋势指标，请看图7-3，我们看到“看跌吞没”出现在布林带上轨附近，这就表明上海梅林上升空间可能已经没有了，趋势向下的可能性较大了。

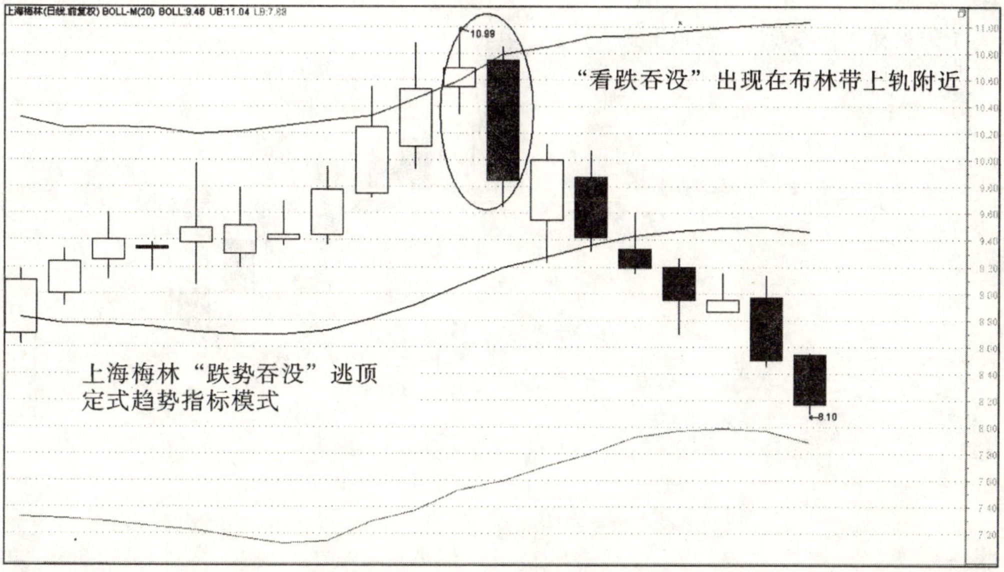

图7-3 上海梅林“跌势吞没”的趋势指标模式

上海梅林逃顶第四步

【"跌势吞没"逃顶定式振荡指标模式】

趋势指标表明上海梅林的下跌可能性较大，接着我们分析与趋势指标相对应的振荡指标，请看图7-4。上海梅林出现"跌势吞没"的时候，振荡指标KD恰好处于超买区域，而且死叉，从振荡指标的角度来看，该股后市继续下跌的可能性很大。

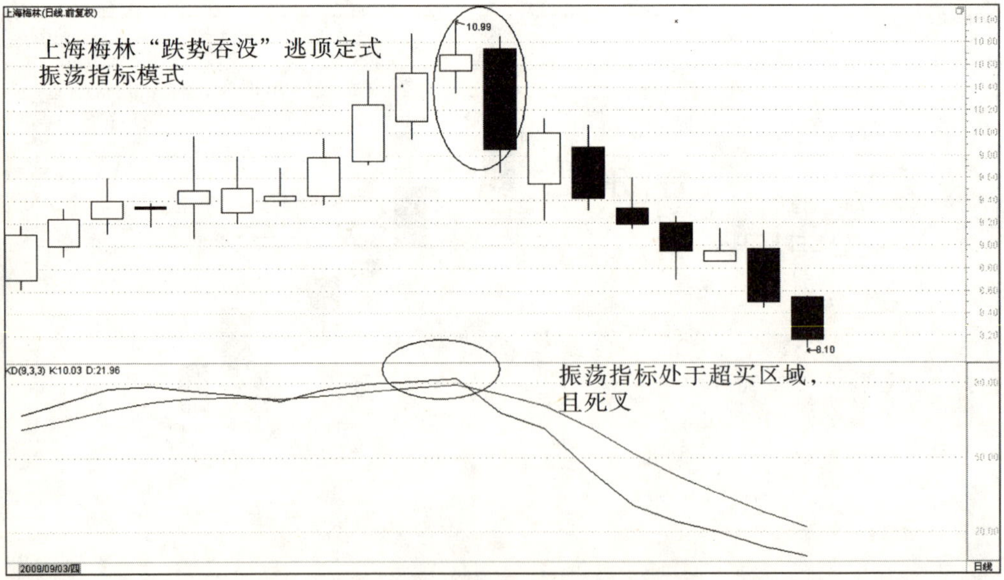

图7-4　上海梅林"跌势吞没"的振荡指标模式

上海梅林逃顶第五步

【“跌势吞没”逃顶定式主力行为模式】

从图 7－5 可以看出，上海梅林从 7.37 元的低价附近慢慢爬升，其中的放量和缩量配合股价的上涨和调整将主力的部分行为显现了出来，一路上涨没有什么像样的阴线，此处的下跌表明主力出货的可能性很大。

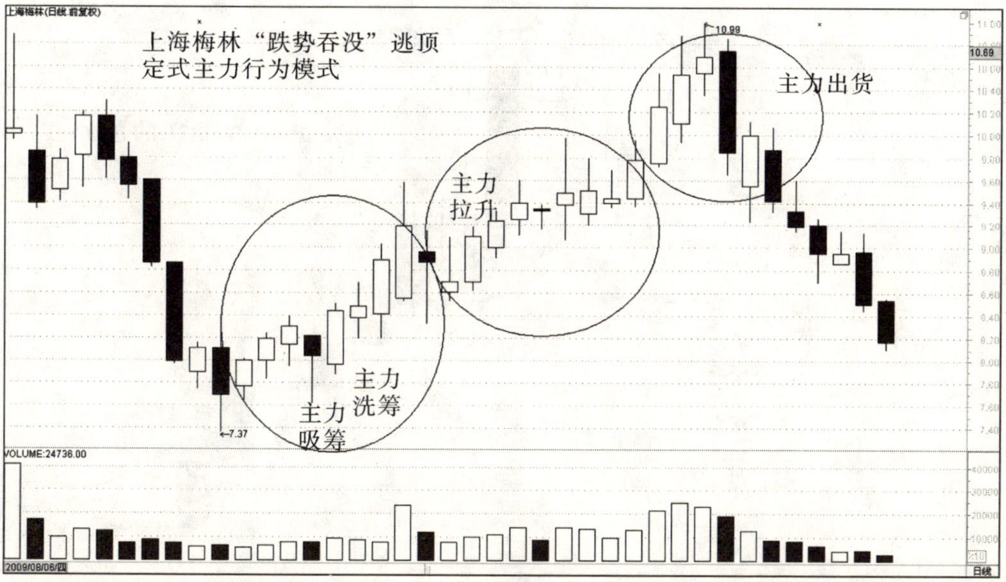

图 7－5　上海梅林“跌势吞没”的主力行为模式

上海梅林逃顶第六步

【“跌势吞没”逃顶定式的减仓法则】

上海梅林的“跌势吞没”从价量和指标等方面得到了确认，接着在“看跌吞没”出现的次日开盘卖出1/2到2/3的仓位，如图7－6所示。

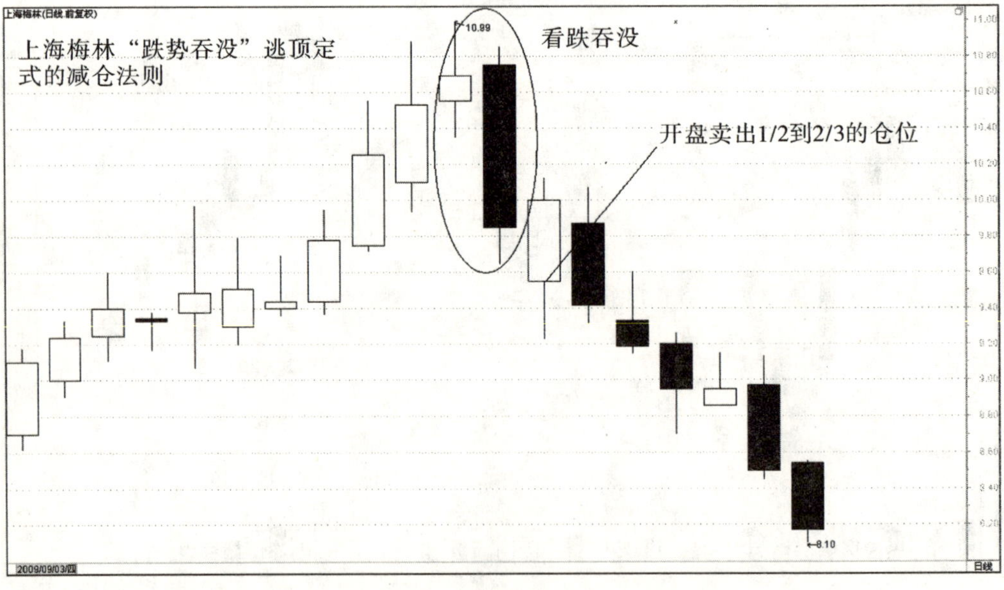

图7－6 上海梅林“跌势吞没”的减仓法则

上海梅林逃顶第七步

【“跌势吞没”逃顶定式的出场法则】

卖出部分仓位之后，沿着“看跌吞没”的最低价画出一条参考线，此后上海梅林股价收盘于该参考线之下则卖出所有仓位，如图7－7所示。不久，股价在回升一天后继续下跌，跌到该线之下，于是卖出手中持有的所有上海梅林。

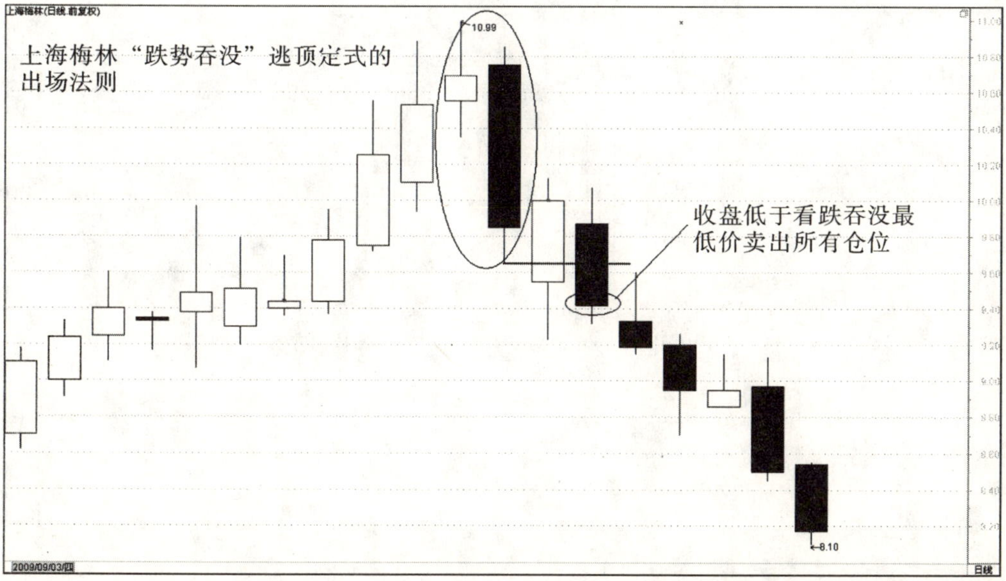

图7－7 上海梅林“跌势吞没”的出场法则

中达股份逃顶第一步

【“跌势吞没”逃顶定式模型】

再来看一个例子，这是中达股份的日线走势图，请看图7-8所示，股价从2.82元开始上扬，中途有一些阴线洗盘，涨到4.29元的时候出现了“看跌吞没”，也就是大实体阴线包含了前面的小实体阳线，这就是“跌势吞没”，此后股价一路下跌的可能性极大。

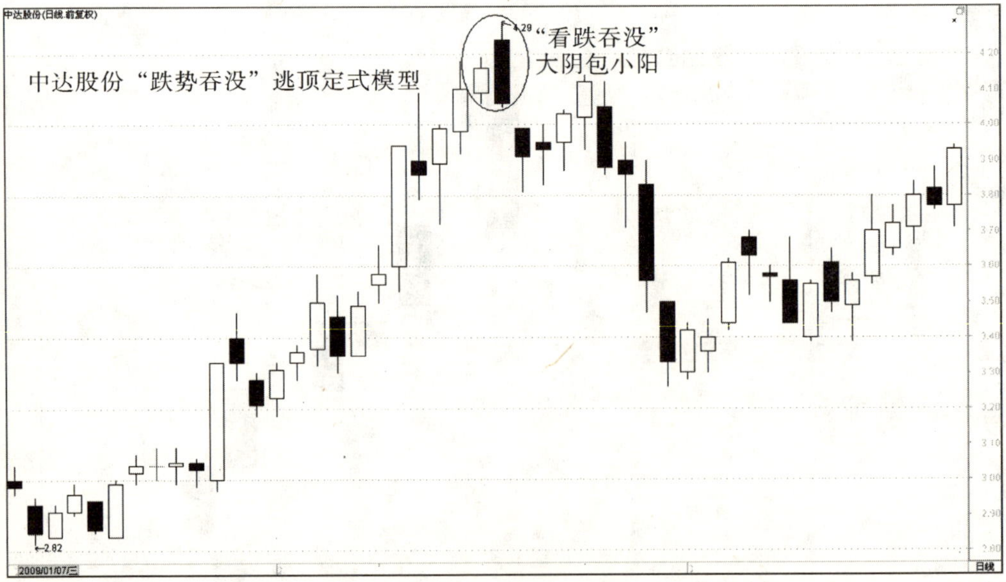

图7-8 中达股份的“跌势吞没”

中达股份逃顶第二步

【"跌势吞没"逃顶定式价量模式】

中达股份出现"跌势吞没"的时候，对应的成交量放出阶段性天量，天量见天价，后市下跌的可能性进一步增加了，如图7-9所示。"跌势吞没"在高位显现，配上一堆大量在附近，继续上扬的可能性很小。

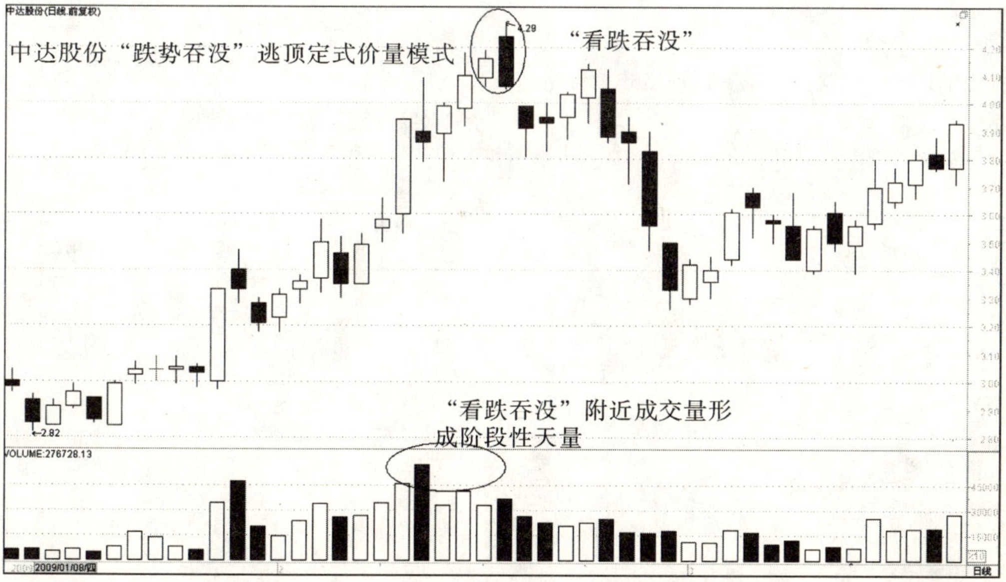

图7-9　中达股份"跌势吞没"的价量模式

中达股份逃顶第三步

【“跌势吞没”逃顶定式趋势指标模式】

请看图7-10，中达股份的“跌势吞没”出现在布林带上轨附近，表明此股继续上涨的可能性极小。因为看跌吞没出现在布林带上轨，无疑表明上涨空间殆尽，后市下跌或者横盘的可能性更大。

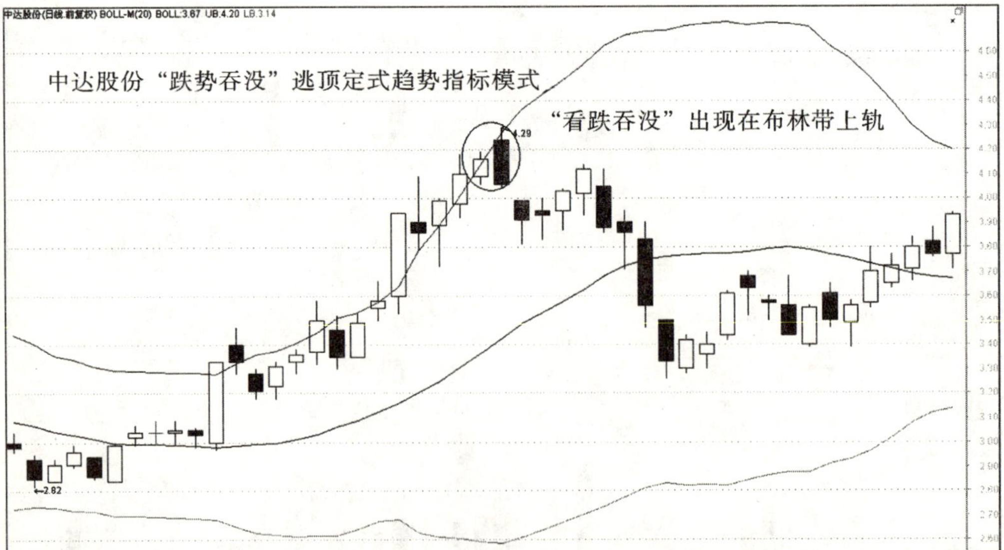

图7-10 中达股份“跌势吞没”的趋势指标模式

中达股份逃顶第四步

【“跌势吞没”逃顶定式振荡指标模式】

从振荡指标 KD 的角度来看中达股份的“跌势吞没”，该定式出现的时候，振荡指标恰好位于超买区域，而且指标倾向于死叉，这就是振荡指标确认了看跌吞没的效力，相当于是信号之间的相互验证，提高了逃顶信号的有效性，请看图 7－11。

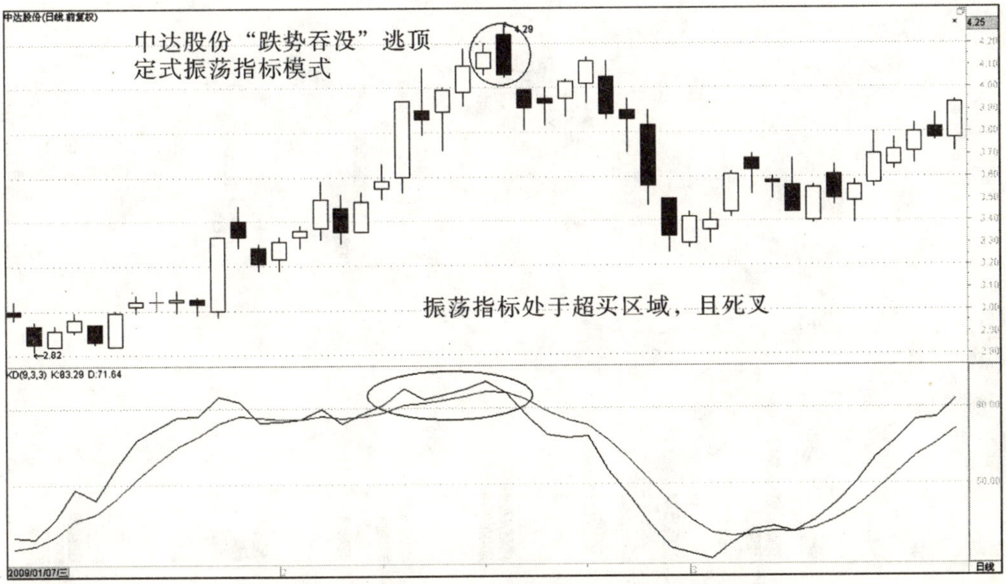

图 7－11 中达股份“跌势吞没”的振荡指标模式

中达股份逃顶第五步

【"跌势吞没"逃顶定式主力行为模式】

中达股份这段走势中的主力行为不是很明显，不过结合成交量和价格两方面的表现我们可以得到一些简单的判断，请看图 7-12，股价在低位的时候出现了几天十字星走势，价格几乎在一个区域内横盘，这是主力在区域内吸筹的表现，吸筹之后猛然拉升，然后又猛烈砸盘来洗筹，接着主力边洗边拉，拉到高位之后出现了看跌吞没，对应的成交量放得很大，基本算得上是天量了，主力出货的可能性很大，后市进一步下跌的可能性自然就很大了。

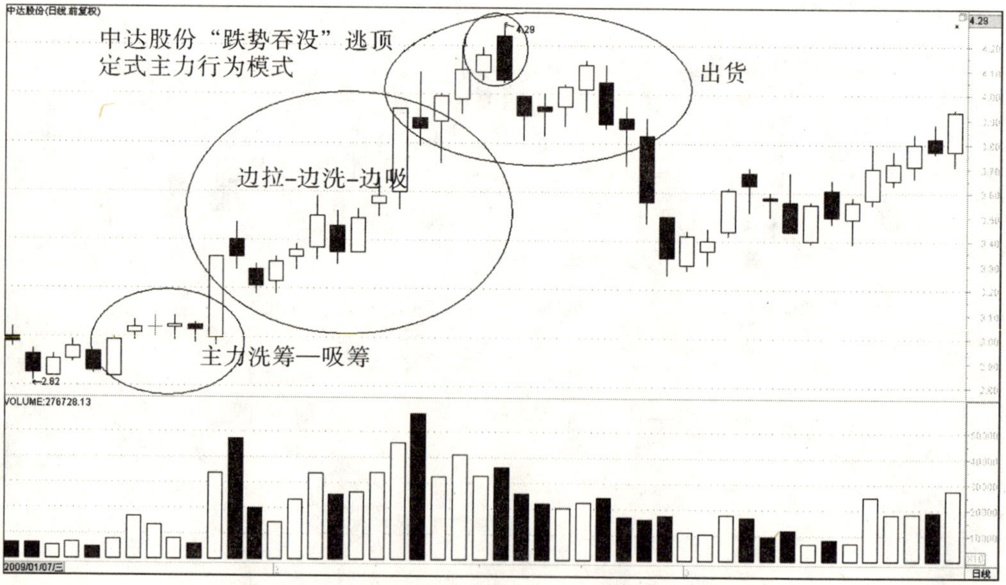

图 7－12　中达股份"跌势吞没"的主力行为模式

中达股份逃顶第六步

【“跌势吞没”逃顶定式的减仓法则】

从各个信息源确认了中达股份的“跌势吞没”，接下来就需要进行具体的逃顶操作，请看图 7－13。在中达股份形成“看跌吞没”的次日开盘，炒家就应该卖出持有的中达股份，卖出量占仓位的 1/2 到 2/3，这就是理性的减仓行为。

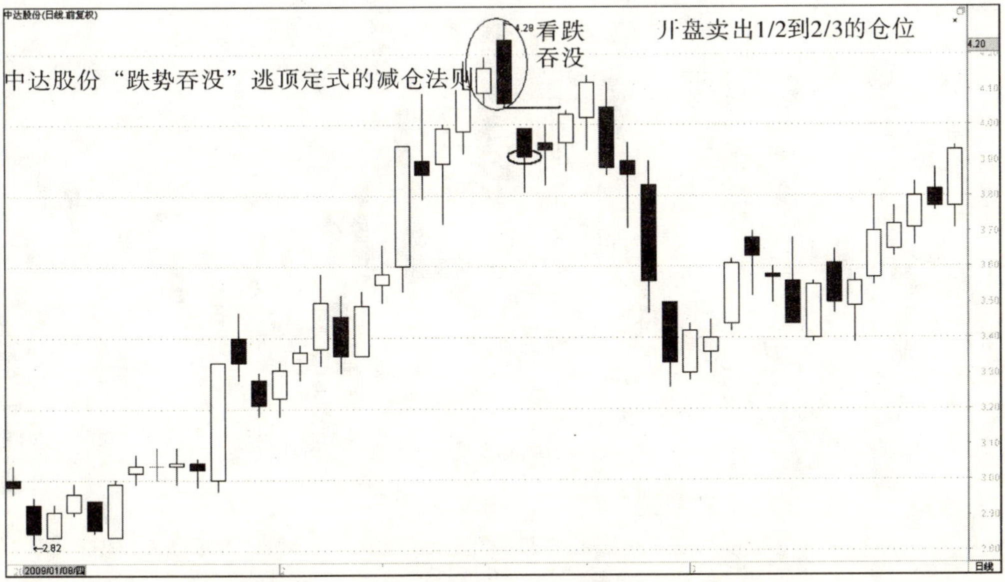

图 7－13　中达股份“跌势吞没”的减仓法则

中达股份逃顶第七步

【"跌势吞没"逃顶定式的出场法则】

卖出部分仓位之后，我们也不是被动地什么都不做，而是观察中达股份是就此上涨，还是继续下探。请看图 7－14，减仓后，以"跌势吞没"的最低点画水平线，以此作为参照，收盘价（实际为收盘前两分钟内的价格）低于此线则卖出所有中达股份。结果，该日收盘在 F 处，所以在收盘前两分钟内卖出所有中达股份。

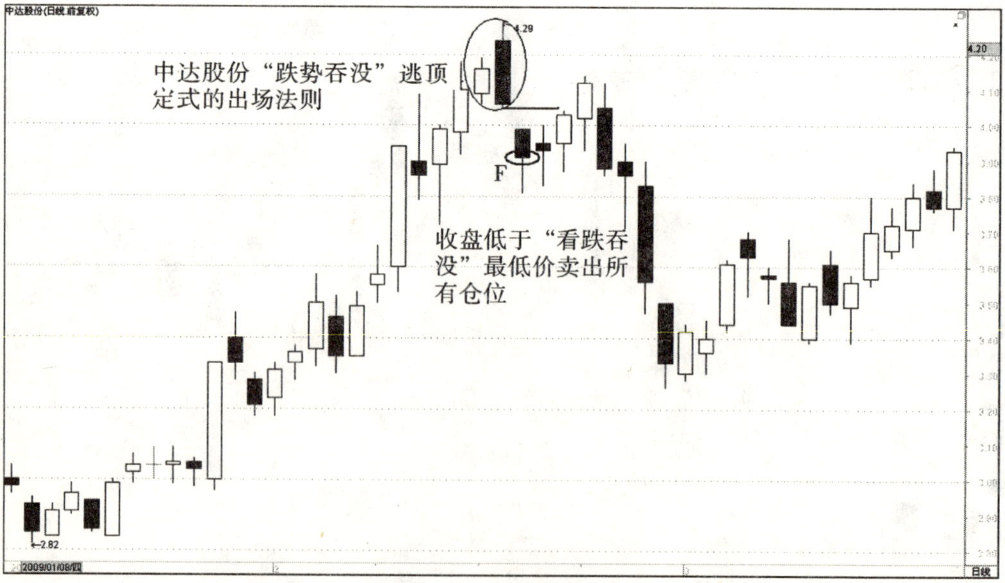

图 7－14　中达股份"跌势吞没"的出场法则

◇ 完美逃顶“真传一句话”秘籍

逃顶的时候不要那么死板，不是非得一次逃完或者说逃在最高点才算得上是成功的逃顶。炒股是一项不追求最好，而是做到次好的事业。绝大多数散户失败，主要原因之一是他们追求最好，以至于连次好都做不到。

逃顶实操全记录

（请你动脑和动笔运用本招的要诀在近期 A 股中实践逃顶理论）

股票名称或者代码

分析和操作日期

逃顶第一步 “跌势吞没”逃顶定式模型

逃顶第二步 “跌势吞没”逃顶定式价量模式

逃顶第三步 “跌势吞没”逃顶定式趋势指标模式

逃顶第四步 “跌势吞没”逃顶定式振荡指标模式

逃顶第五步 “跌势吞没”逃顶定式主力行为模式

逃顶第六步 “跌势吞没”逃顶定式的减仓法则

逃顶第七步 “跌势吞没”逃顶定式的出场法则

操作结果和总结

第八招　黄昏之星

★ 精髓提要

七步完美逃顶路线图之“黄昏之星”

逃顶第一步　“黄昏之星”逃顶定式模型
逃顶第二步　“黄昏之星”逃顶定式价量模式
逃顶第三步　“黄昏之星”逃顶定式趋势指标模式
逃顶第四步　“黄昏之星”逃顶定式振荡指标模式
逃顶第五步　“黄昏之星”逃顶定式主力行为模式
逃顶第六步　“黄昏之星”逃顶定式的减仓法则
逃顶第七步　“黄昏之星”逃顶定式的出场法则

K 线里面比较“灵验”的顶部形态是“跌势吞没”和“黄昏之星”，很多人不知道这点，天天去死记硬背几十种 K 线形态，其实大可不必，真正有用的逃顶 K 线形态也就是这两种为主，前面一章讲了“跌势吞没”，本章中我们则主要介绍“黄昏之星”，如果你能够对“黄昏之星”有所彻悟，则你的逃顶功夫将大为长进。

新疆天业逃顶第一步

【"黄昏之星"逃顶定式模型】

第一个例子是新疆天业的逃顶操作，请看图 8-1，股价涨到 11.79 元的高位之后，出现了所谓的"黄昏之星"，也即是实体较大阳线的顶部附近出现了小实体的星线，接着星线之后出现的是实体较大的阴线，三者构成品字形，后市下跌的可能性极大。

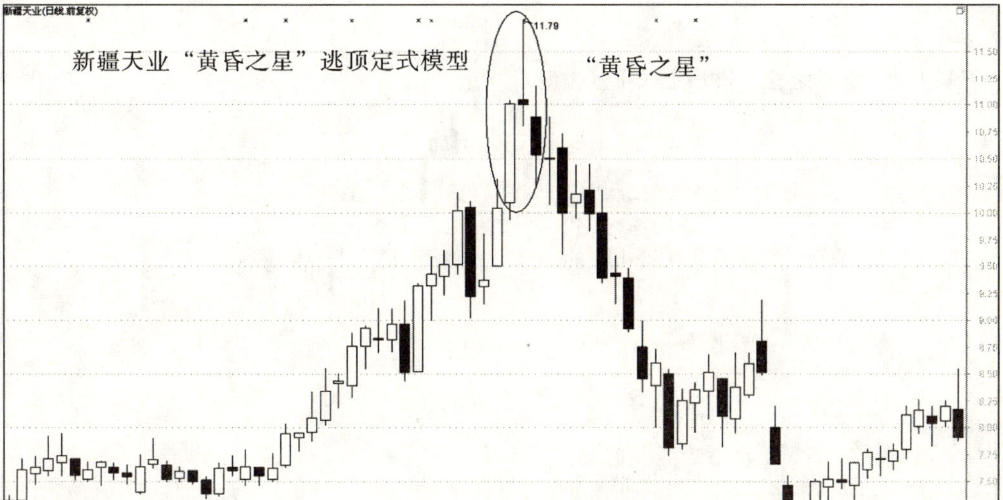

图 8-1 新疆天业的"黄昏之星"

新疆天业逃顶第二步

【“黄昏之星”逃顶定式价量模式】

“黄昏之星”本身对顶部的预言能力就很强，可以说是K线形态中最强的一种形态，不过如果能够从成交量的角度加以验证则可能做得更好，请看图8－2，新疆天业的“黄昏之星”出现时，对应的成交量也放出了天量，这表明有大量的筹码在此换手，换手的时候股价大幅下跌，表明换手时买家是在下面买，卖家的数量相对于以前的交易日在增加，即使在一个较低的价位也愿意卖出自己手中的筹码。

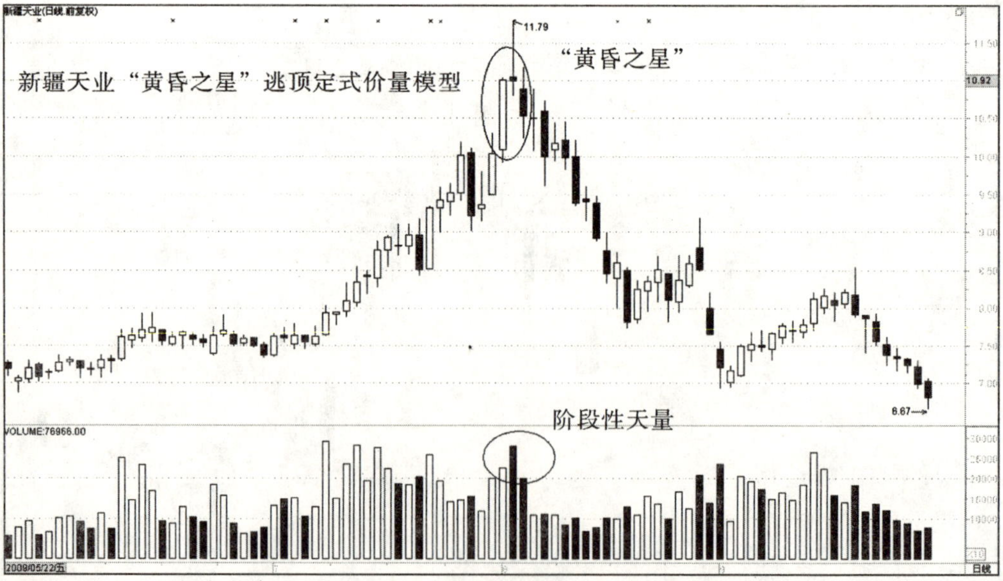

图8－2　新疆天业“黄昏之星”的价量模式

新疆天业逃顶第三步

【“黄昏之星”逃顶定式趋势指标模式】

“黄昏之星”的成交量模式得到了确认了，我们接着从趋势指标和振荡指标两个角度对新疆天业的“黄昏之星”定式进行分析，请看图 8－3。“黄昏之星”出现在布林带的上轨，这表明继续上升的空间已经很小了，很难继续上扬，下跌可能性增加了。

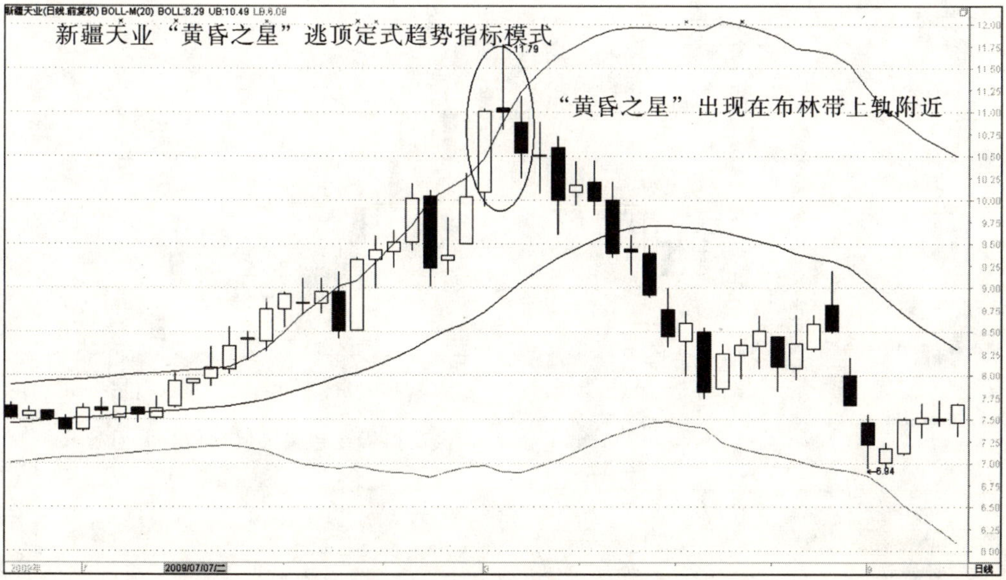

图 8－3　新疆天业“黄昏之星”的趋势指标模式

新疆天业逃顶第四步

【“黄昏之星”逃顶定式振荡指标模式】

趋势指标是看空的，振荡指标又如何呢？请看图 8－4，新疆天业的“黄昏之星”出现时对应的振荡指标 KD 早已经处于超买区间运行，并且死叉，单是这个信息并不能断定后市的涨跌，因为振荡指标 KD 可能出现钝化的情况，也就是说股价还可能继续上扬。但是，结合 K 线的“黄昏之星”来看，则此超买信号则可以看作是涨势反转为跌势的信号。

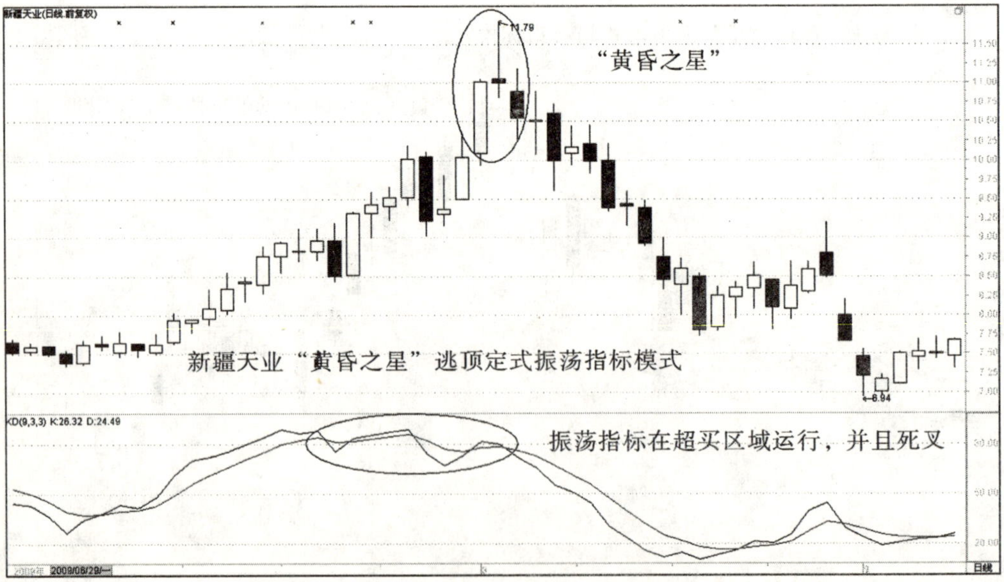

图 8－4　新疆天业“黄昏之星”的振荡指标模式

新疆天业逃顶第五步

【“黄昏之星”逃顶定式主力行为模式】

指标的用法比较机械，这并不代表指标是“老实”和“科学”的，加上股票价格涨跌是人类群体行为的结果，自然也就很难得到一个可靠性很高的结论。为了弥补机械指标的不足，我们需要对新疆天业走势的主力行为模式进行剖析，请看图 8－5。新疆天业在低位时，虽然成交量放大，但是价格走势一直在一个区域内运行，这很可能是主力在压价收集筹码，但主力也不愿把价格压得太低。吸筹末期，主力为了减轻拉升前的压力，进行了一些微幅调整的洗筹，然后主力开始大幅拉升，拉升到“黄昏之星”附近的高位时，主力开始大量出货，这从成交量的变化可以看出。既然新疆天业的主力很有可能跑了，自然新疆天业下跌的可能性也就大了。

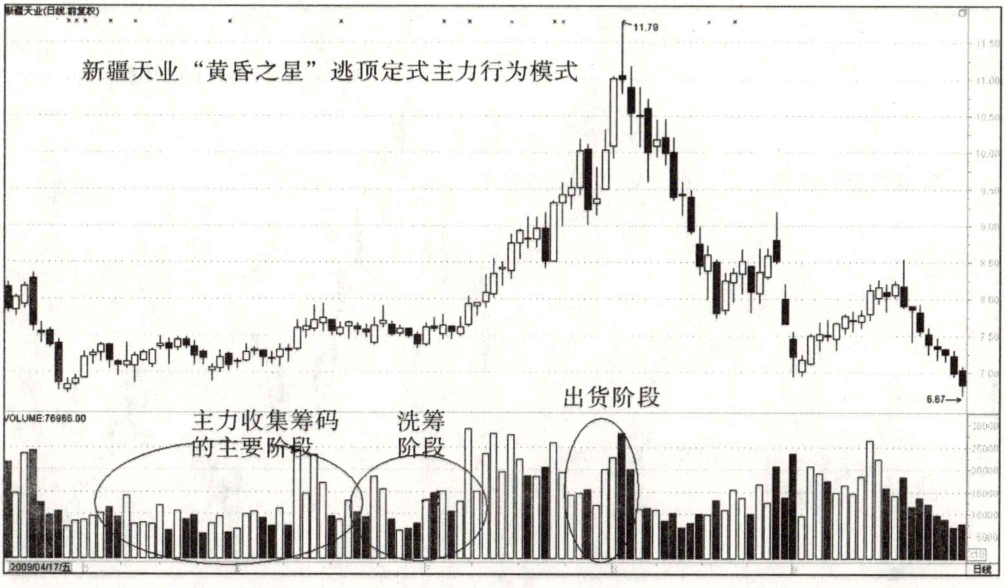

图 8－5　新疆天业“黄昏之星”的主力行为模式

新疆天业逃顶第六步

【“黄昏之星”逃顶定式的减仓法则】

分析完之后，炒家就应该进行具体的逃顶操作了，请看图 8－6，当新疆天业的“黄昏之星”形成之后，在第一个交易日开盘卖出仓位的 1/2 到 2/3，这样就减轻了面对大概率下跌的风险。仓位轻了，心态也轻松了，接下来面对股价起伏时的决策也理性了。

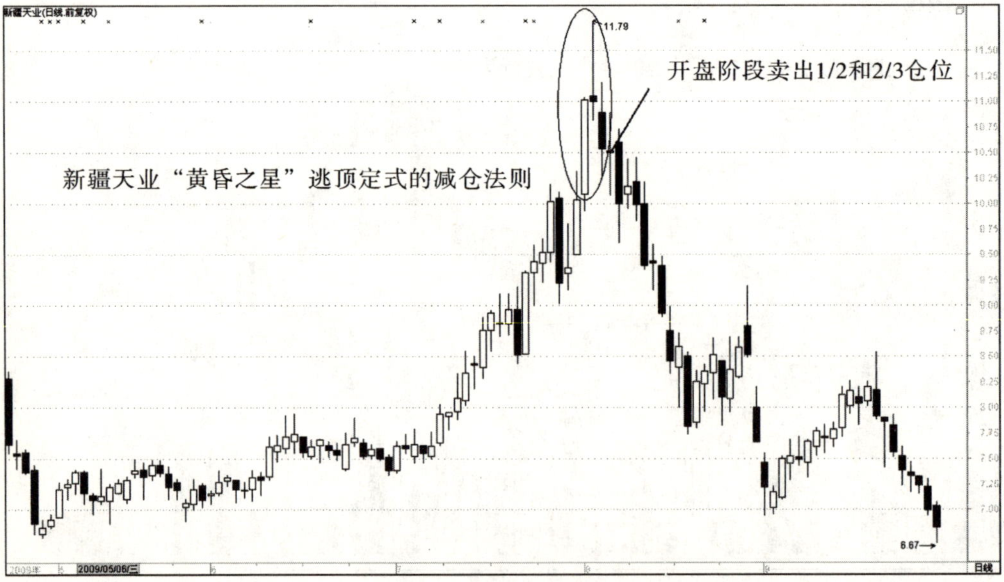

图 8－6　新疆天业“黄昏之星”的减仓法则

新疆天业逃顶第七步

【“黄昏之星”逃顶定式的出场法则】

减仓之后，继续观察新疆天业股价的走势，以“黄昏之星”最低价画水平线，股价跌破此线则卖出剩下的仓位，请看图 8－7。不久之后，股价跌破此最低价线，于是在图中 E 点附近卖出所有的仓位。

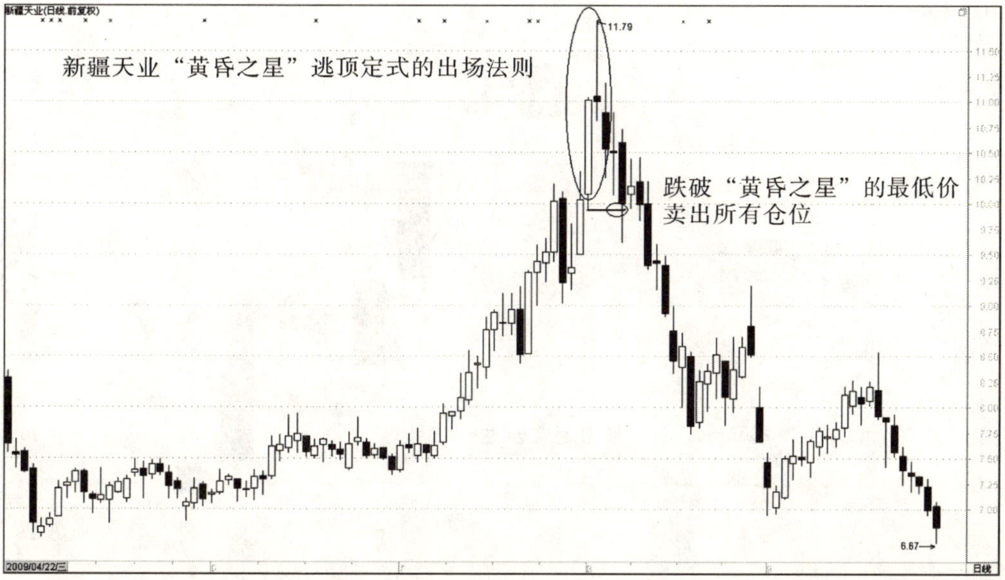

图 8－7　新疆天业“黄昏之星”的出场法则

海泰发展逃顶第一步

【“黄昏之星”逃顶定式模型】

我们再来看一个“黄昏之星”逃顶定式的实例，请看图8-8，股价持续上涨一段时间之后，出现了品字形的“黄昏之星”，预示着后市下跌的可能性很大，但是这光看股价的形态还并不够，我们还需要进一步的信息来确认。

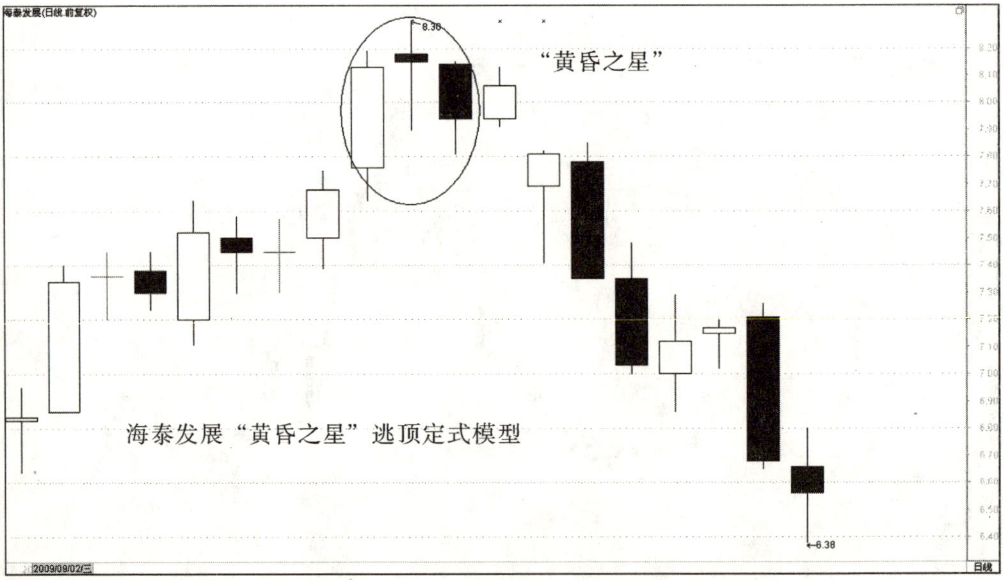

图8-8　海泰发展的“黄昏之星”

海泰发展逃顶第二步

【"黄昏之星"逃顶定式价量模式】

海泰发展的"黄昏之星"对应的成交量属于阶段性天量，表明有大量的筹码在此被抛出，但是买家并不积极，只愿意在较低的价位接受这些筹码，而不是高处追买，如图 8－9 所示。"黄昏之星"见到阶段性天量，则后市下跌的可能性更大。

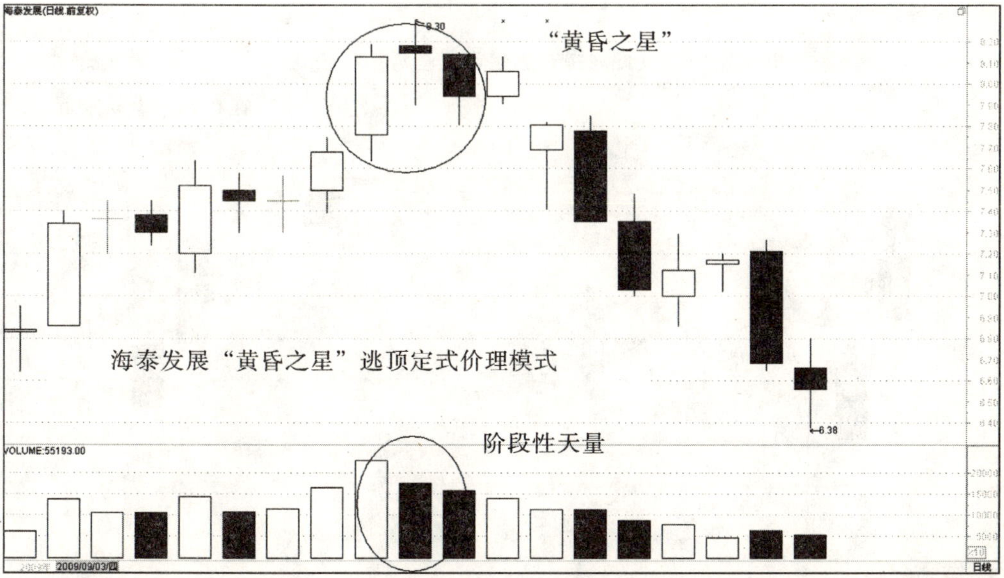

图 8－9 海泰发展"黄昏之星"的价量模式

海泰发展逃顶第三步

【"黄昏之星"逃顶定式趋势指标模式】

分析了单一的价格模式和价量关系，接下来分析一些指标模式，首先是趋势指标模式，请看图8－10。海泰发展的"黄昏之星"出现在布林带的上轨，此K线形态确认了布林带上轨之上的上升空间基本穷尽，横盘和下跌更为可能，继续上涨的可能性很小了。

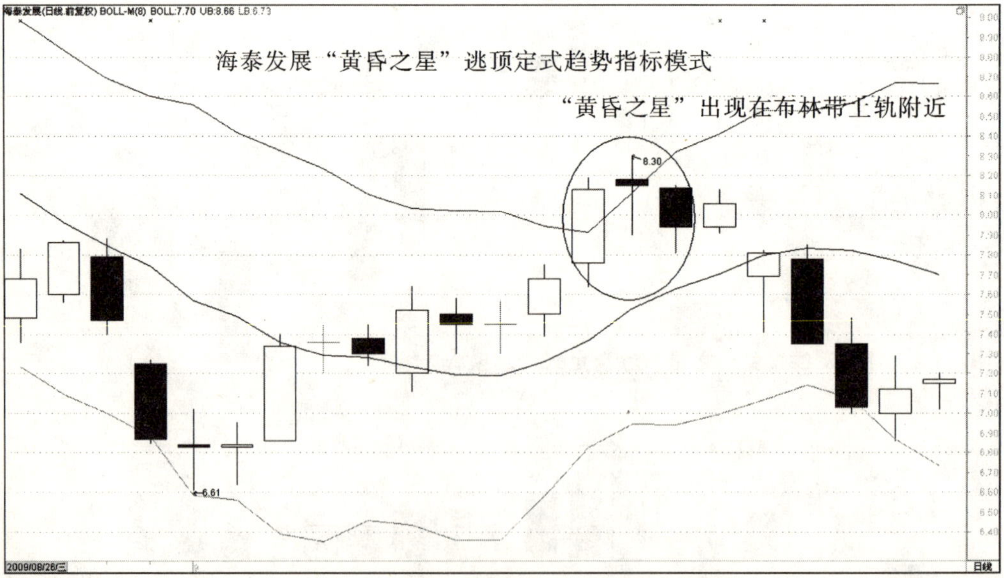

图8－10　海泰发展"黄昏之星"趋势指标模式

海泰发展逃顶第四步

【"黄昏之星"逃顶定式振荡指标模式】

海泰发展的"黄昏之星"对应着的振荡指标恰好位于超买区域运行，这进一步加强了单一"黄昏之星"的效力，后市下跌的可能性很大，请看图 8-11。

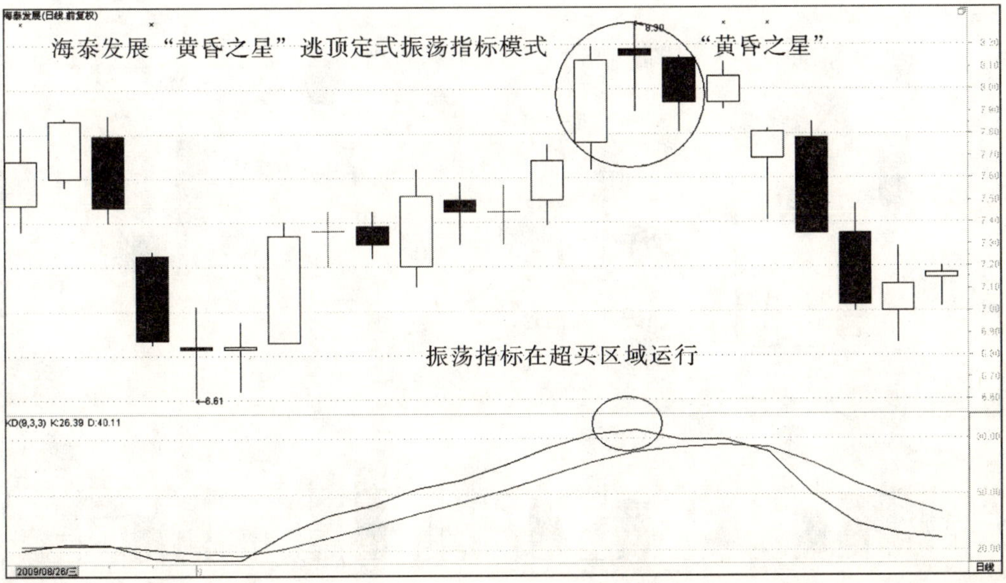

图 8-11 海泰发展"黄昏之星"的振荡指标模式

海泰发展逃顶第五步

【“黄昏之星”逃顶定式主力行为模式】

价量关系和指标关系都表明了海泰发展后市下跌具有很大的可能性，这些都是外在的一些表现，那么这些表现背后的行为主体也是如何的呢？请看图 8-12，股价在低位 6.61 元的时候，出现了底部的“早晨之星”，然后短庄拔高建仓，不久逐渐拉升至 8.30 元的高位，高位放出大量，这就是主力出货的表现，后市下跌可能性很大。

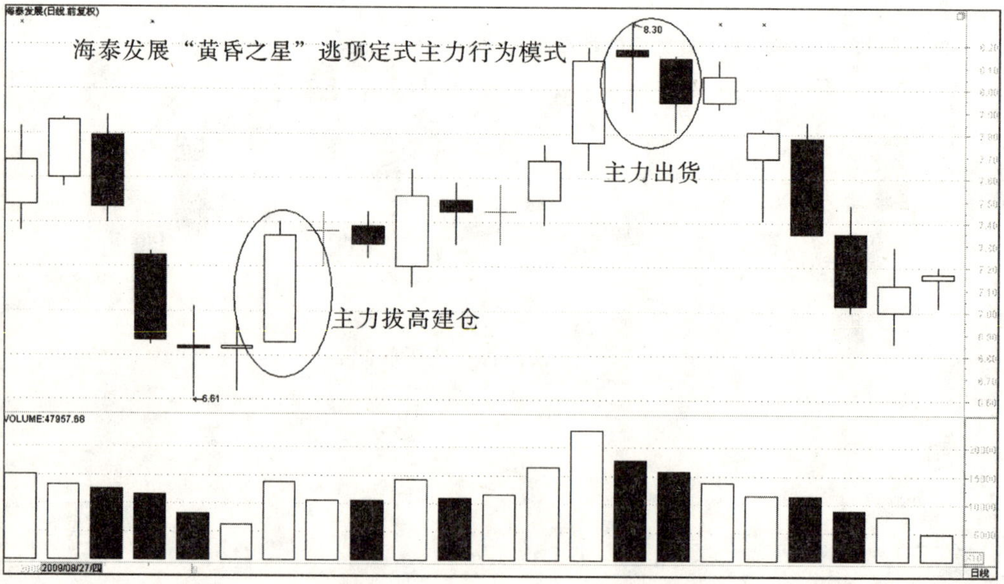

图 8-12　海泰发展“黄昏之星”的主力行为模式

海泰发展逃顶第六步

【"黄昏之星"逃顶定式的减仓法则】

按部就班地确认了海泰发展的"黄昏之星"，在次日开盘的时候就应该卖出1/2到2/3的仓位，如图8-13所示。减轻手中的仓位，这是对之前分析的回应，下跌概率增加了，上涨概率减小了，自然也就应该减轻手中的仓位了。

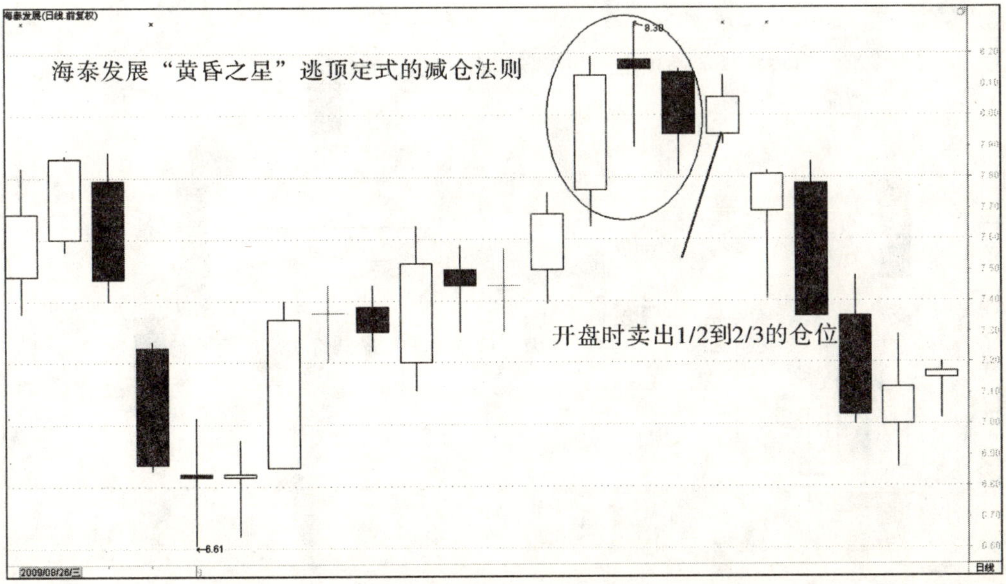

图8-13 海泰发展"黄昏之星"的减仓法则

海泰发展逃顶第七步

【“黄昏之星”逃顶定式的出场法则】

卖出部分仓位之后，以海泰发展“黄昏之星”的最低价为参考线，一旦股价跌破此最低价则卖出所有仓位，请看图8－14。此后，股价在第二日跌破“黄昏之星”最低价，炒家应该在E点卖出所有仓位。

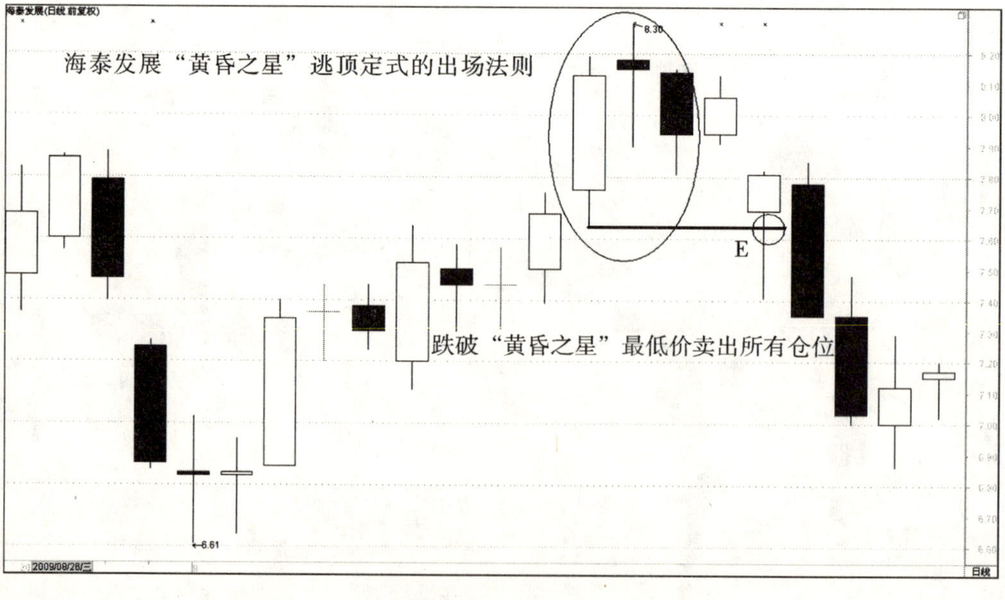

图8－14 海泰发展“黄昏之星”的出场法则

◇ 完美逃顶“真传一句话”秘籍

人生的辉煌是短暂的，股价的上升运动也是短暂的，适时的全身而退是很重要的，有时候炒家不能及时退出是因为自己对于退出的条件不清楚，更多时候是因为炒家的预期价位没有达到。聆听股价运动，而不是去强求股价的运动。

逃顶实操全记录

（请你动脑和动笔运用本招的要诀在近期 A 股中实践逃顶理论）

股票名称或者代码

分析和操作日期

逃顶第一步 “黄昏之星”逃顶定式模型

逃顶第二步 “黄昏之星”逃顶定式价量模式

逃顶第三步 “黄昏之星”逃顶定式趋势指标模式

逃顶第四步 “黄昏之星”逃顶定式振荡指标模式

逃顶第五步 “黄昏之星”逃顶定式主力行为模式

逃顶第六步 “黄昏之星”逃顶定式的减仓法则

逃顶第七步 “黄昏之星”逃顶定式的出场法则

操作结果和总结

第九招　垂暮双顶

★ 精髓提要

七步完美逃顶路线图之"垂暮双顶"

逃顶第一步　"垂暮双顶"　逃顶定式模型
逃顶第二步　"垂暮双顶"　逃顶定式价量模式
逃顶第三步　"垂暮双顶"　逃顶定式趋势指标模式
逃顶第四步　"垂暮双顶"　逃顶定式振荡指标模式
逃顶第五步　"垂暮双顶"　逃顶定式主力行为模式
逃顶第六步　"垂暮双顶"　逃顶定式的减仓法则
逃顶第七步　"垂暮双顶"　逃顶定式的出场法则

股价的运动绝大多数时候都是不规则的，这些不规则的运动一般在炒家的驾驭能力之外。一个成功短线炒家要做的不是去强求那些不能把握的东西变得能够把握，而是全力把握那些能够把握的东西，"垂暮双顶"就属于那些能够把握的准规则形态，一旦你能够把握住这里形态，则你的炒股生涯也就多了几分确定性，少了几分风险，当然你不能将炒股变得完全确定，将炒股的风险完全褪去，这是不可能的。

ST博信逃顶第一步

【"垂暮双顶"逃顶定式模型】

"垂暮双顶"与传统的双顶存在一些差异，主要传统的双顶只依靠价格来确认。我们介绍的第一个例子是ST博信，请看图9－1，方框内的股价形成一个M状的形态，这就是传统的双顶形态，股价出了双顶，还可以演变成三重顶，甚至演变成空中双底，所以单单看到一个传统的双顶形态就迫不及待地卖出是不行的。

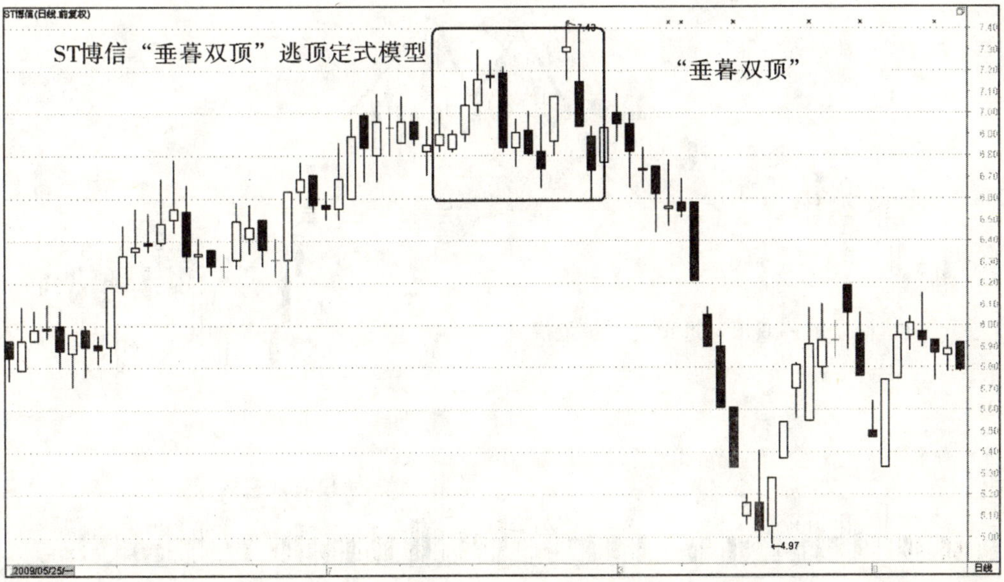

图9－1 ST博信的"垂暮双顶"

ST 博信逃顶第二步

【"垂暮双顶"逃顶定式价量模式】

见到ST博信价格上的双顶还不能作出卖出决策，还必须看成交量和其他指标，请看图9-2，双顶中的A顶和B顶分别对应着成交量的两个高点，这表明两顶有显著放量的迹象，放量之后股价就开始下跌，表明后市下跌的可能性很大。

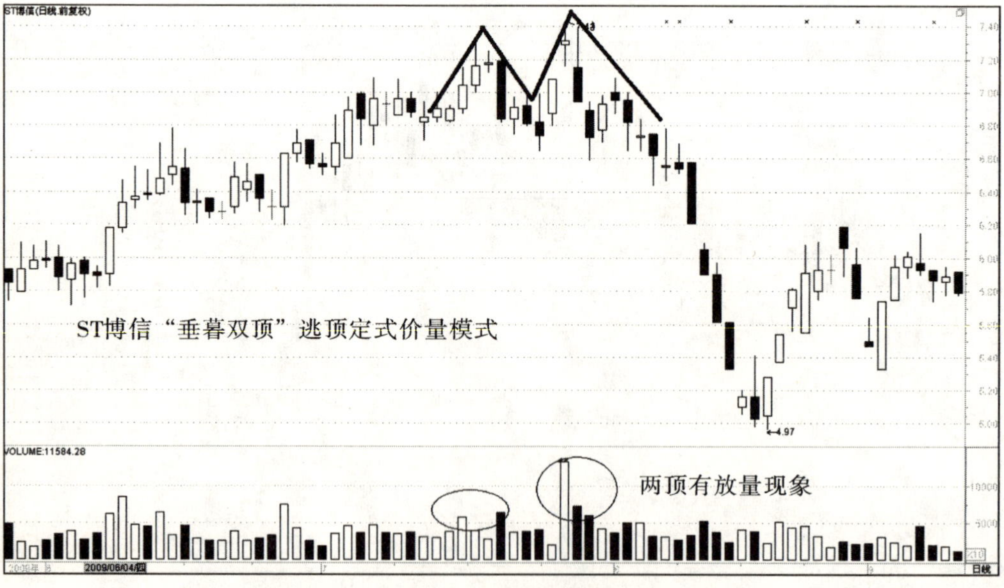

图9-2　ST博信"垂暮双顶"的价量模式

ST 博信逃顶第三步

【“垂暮双顶”逃顶定式趋势指标模式】

ST 博信的双顶模式与趋势指标 MACD 结合起来，就可以发现明显的顶部背离和高位死叉，结合前面学习的内容，此后股价继续下跌的可能性很大，如图 9－3 所示。一般而言，如果股价两顶保持一个高度，或者后一顶稍微高于前一顶，而 MACD 指标却走低的话，则构成一个 MACD 与股价之间的顶部背离。

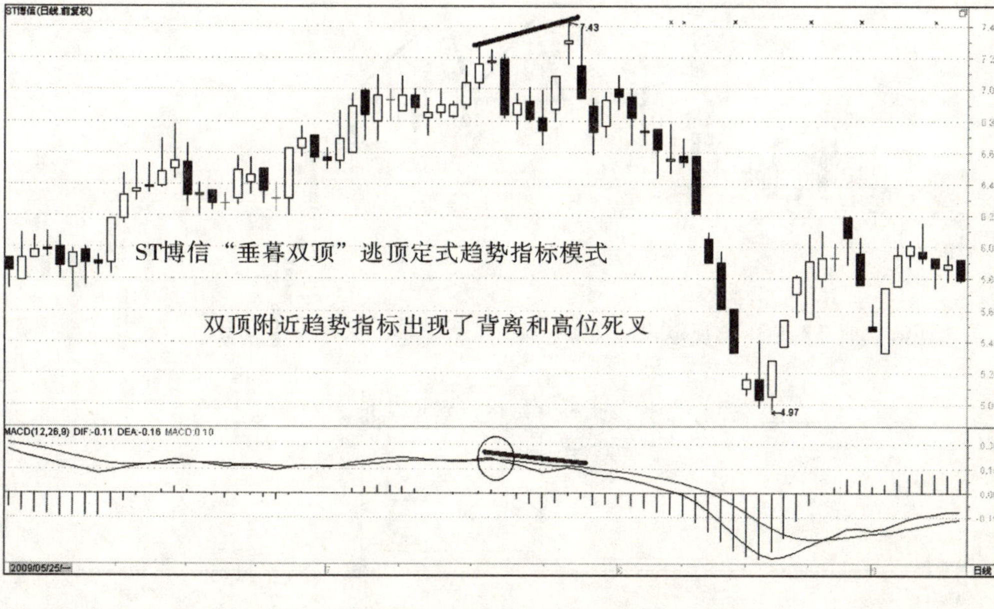

图 9－3 ST 博信“垂暮双顶”的趋势指标模式

ST博信逃顶第四步

【“垂暮双顶”逃顶定式振荡指标模式】

ST博信高位形成双顶的同时，对应的振荡指标在期间逐渐运行到50中线以下，这表明股价开始由多头转向空头运行，如图9－4所示，双顶的高度虽然差不多，但是第一顶对应的振荡指标在50上运行，而第二顶对应的振荡指标却在50下运行，后市看跌的可能性增加。

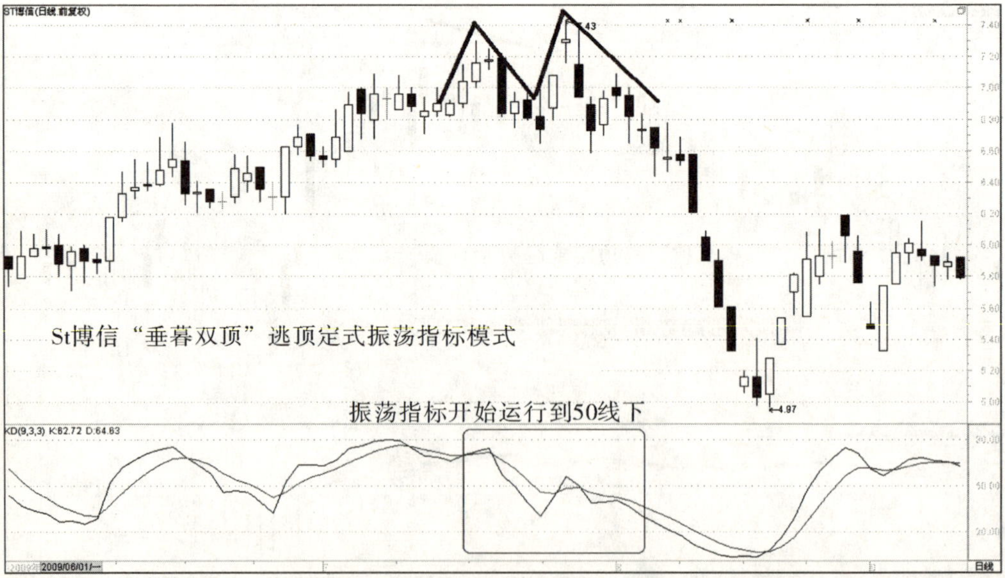

图9－4　ST博信“垂暮双顶”的振荡指标模式

ST 博信逃顶第五步

【"垂暮双顶"逃顶定式主力行为模式】

看了价量和指标，基本上对于 ST 博信"垂暮双顶"逃顶信号有了一个全面的把握，但是最好还是进行一下第五步，这就是对股价背后的主力行为模式进行分析，请看图 9－5。股价在前期上升过程中，"价涨量增，价跌量缩"，这表明主力还在，到了双顶位置，放出天量，但是价格很难上攻，最终形成一颗星，与前面的阳线和后面的阴线形成"黄昏之星"构造，两个顶都是如此，主力上攻的意愿和力度都不足，后市看跌很浓。

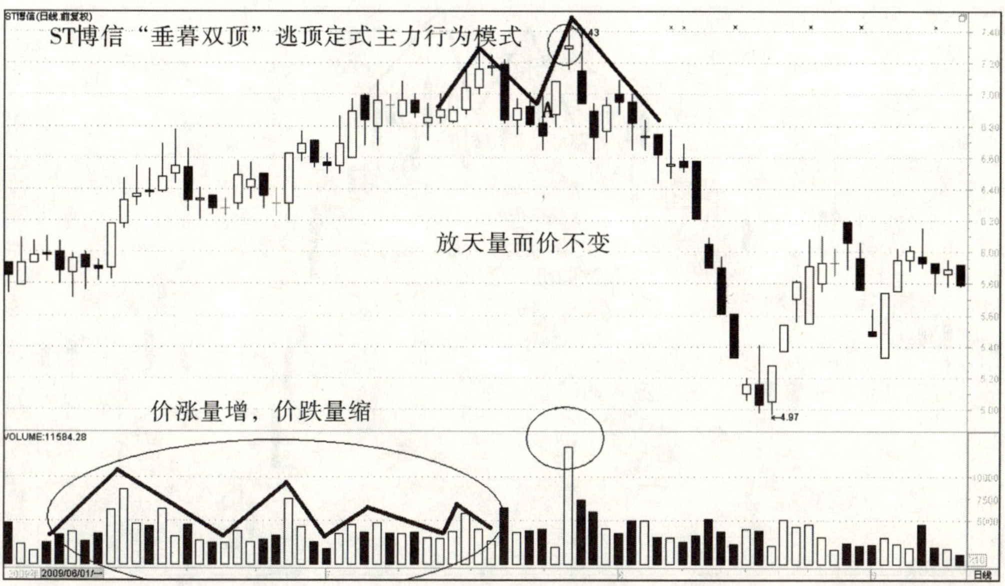

图 9－5 ST 博信"垂暮双顶"的主力行为模式

ST 博信逃顶第六步

【“垂暮双顶”逃顶定式的减仓法则】

确认了 ST 博信上的“垂暮双顶”，接下来就是卖出的实际操作，请看图 9-6。股价跌破颈线的时候，也就是在图 9-6 的 E 处时卖出 1/2 到 2/3 的仓位，这就是顺势减仓操作了，顺着跌势去操作。

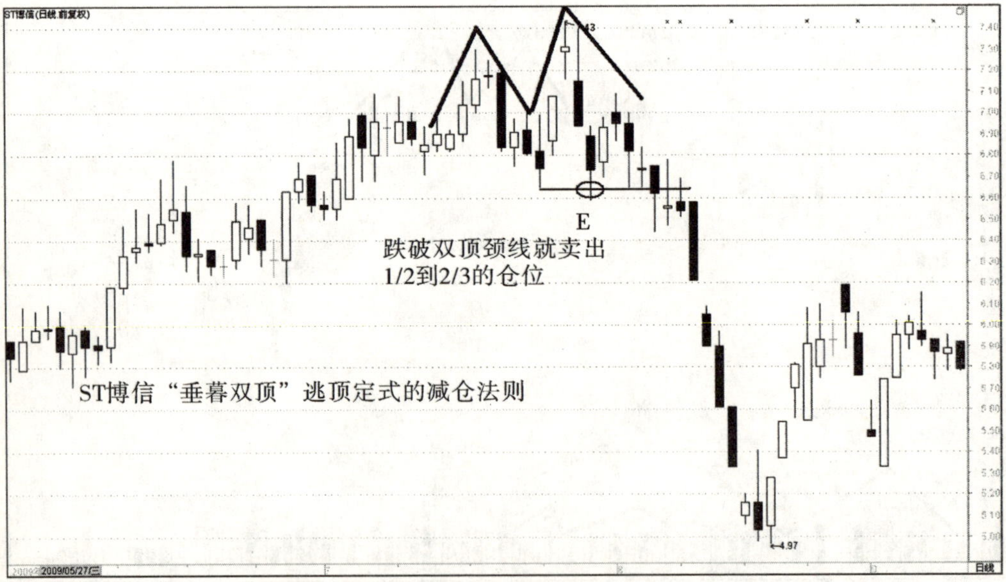

图 9-6　ST 博信“垂暮双顶”的减仓法则

ST 博信逃顶第七步

【“垂暮双顶”逃顶定式的出场法则】

卖出部分仓位之后，如果收盘价（准确讲应该是收盘前两分钟内）跌破颈线则及时卖出所有仓位，如图 9－7 所示，具体而言图中的 F 点卖出所有的仓位。

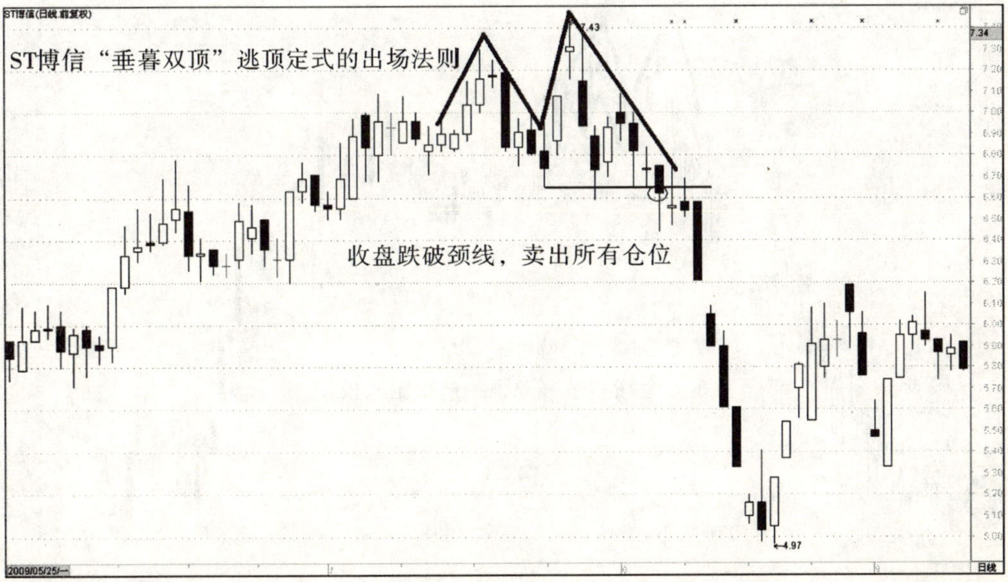

图 9－7　ST 博信“垂暮双顶”的出场法则

东方金钰逃顶第一步

【"垂暮双顶"逃顶定式模型】

我们来看第二个实例，请看图 9－8，这是东方金钰的日线走势图，股价从 11.60 元的高位下降，形成了一个大双顶和一个小双顶，通过初步的观察炒家就能够很快发现当下股价走势中的双顶，进而作进一步的分析。

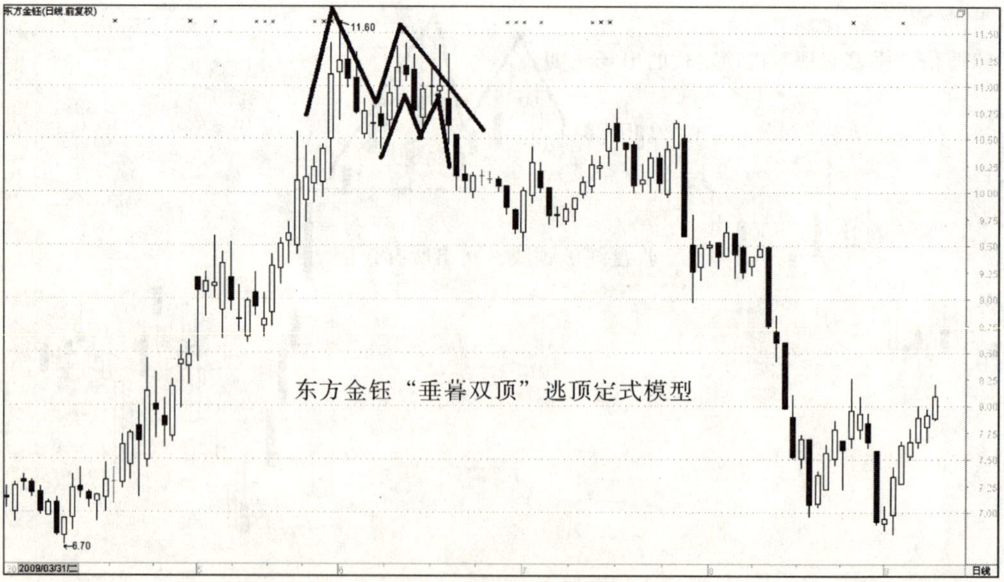

图 9－8　东方金钰的"垂暮双顶"

东方金钰逃顶第二步

【"垂暮双顶"逃顶定式价量模式】

东方金钰出现了传统意义上的双顶并不意味着我们就应该卖出，应为双顶本身是多变和不可靠的，所以应该查看其相应地成就了变化，请看图 9-9，东方金钰的双顶对应的成交量放出天量，也就是图中的 C 和 D 两柱成交量，这表明高位有大量的抛筹，而且这些卖家基本在统一水平上卖出，说明 11.60 附近存在较大的阻力。

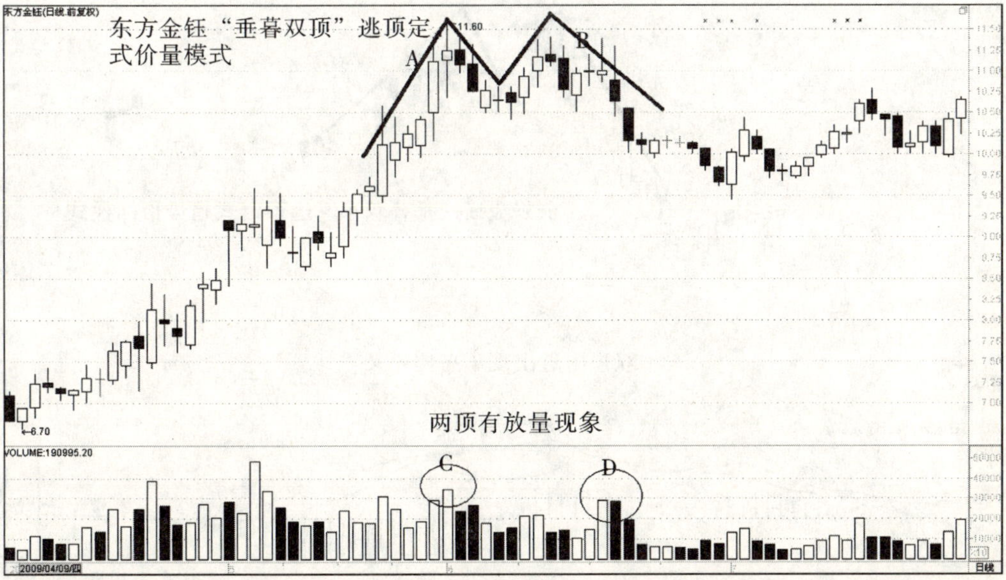

图 9-9　东方金钰"垂暮双顶"的价量模式

东方金钰逃顶第三步

【“垂暮双顶”逃顶定式趋势指标模式】

趋势指标 MACD 在东方金钰的双顶附近也出现了高位死叉和不显著的顶部背离，如图 9－10 所示，后市看跌。

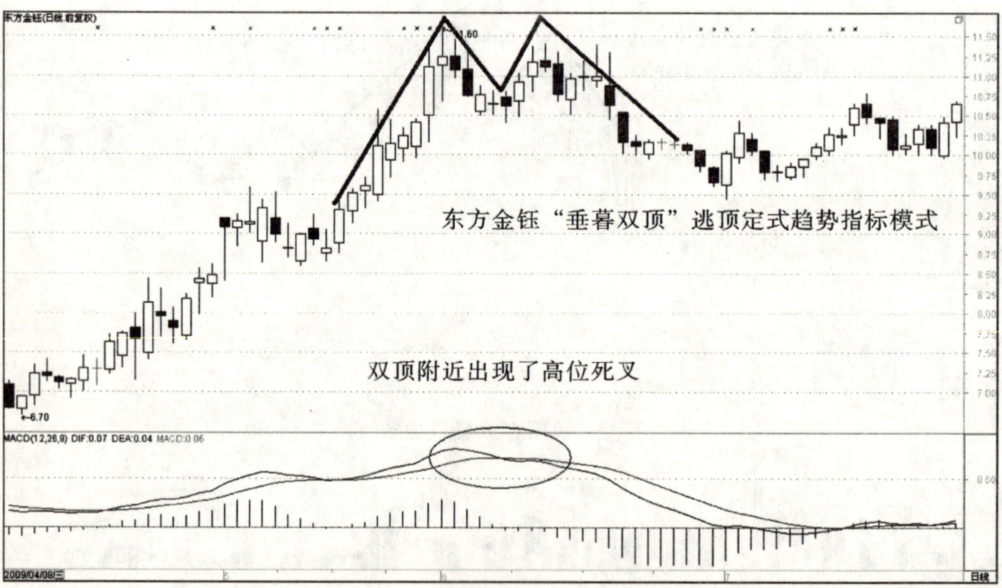

图 9－10　东方金钰“垂暮双顶”的趋势指标模式

东方金钰逃顶第四步

【“垂暮双顶”逃顶定式振荡指标模式】

看了趋势指标，最好看振荡指标，两者互为补充，请看图 9－11。振荡指标 KD 在东方金钰的两顶之间逐步走到 50 中线以下，第一顶的振荡指标位置显著高于第二顶的振荡指标位置，这样看来第二顶的“底气”明显没有第一顶的“底气”足够。

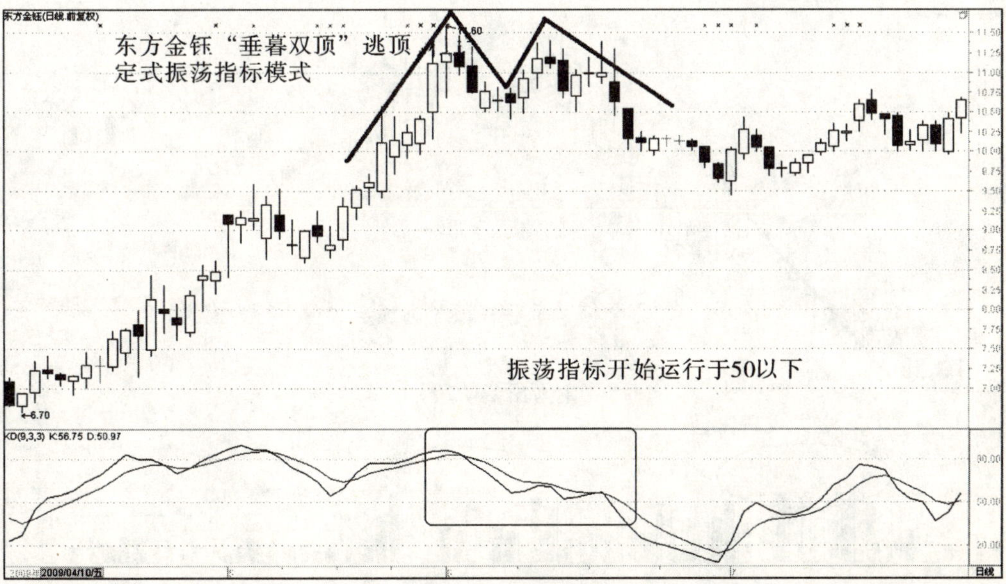

图 9－11　东方金钰“垂暮双顶”的振荡指标模式

东方金钰逃顶第五步

【"垂暮双顶"逃顶定式主力行为模式】

在实际着手逃顶操作之前，我们还要接着看下东方金钰的主力行为模式，请看图9-12，股价在放量上涨之后继续缩量上涨，这是典型的主力拔高建仓模式。股价上升很长一段之后开始长时间横盘，横盘期间有放量现象，这表明主力在出货，所以后市的走势不太看好。

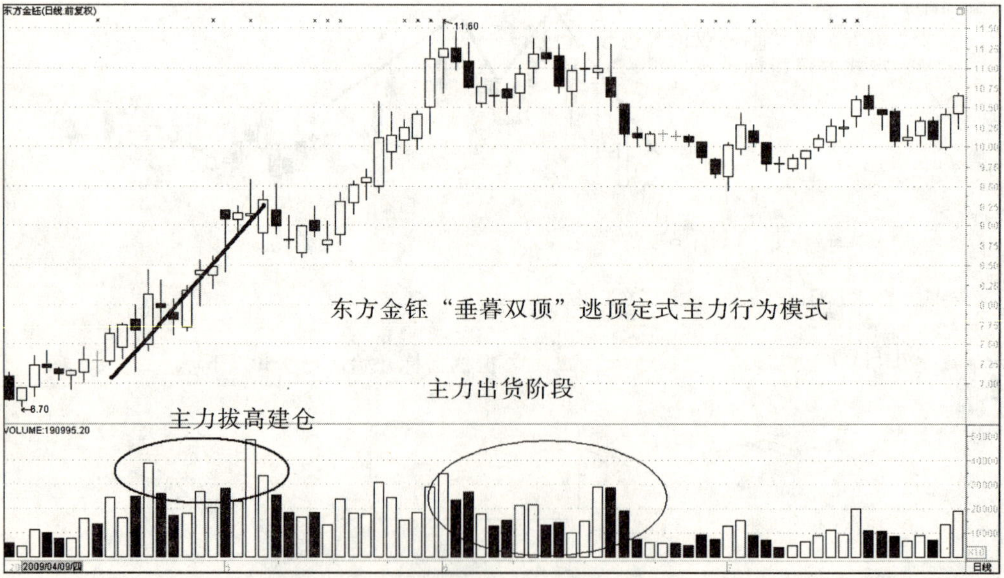

图9-12　东方金钰"垂暮双顶"的主力行为模式

东方金钰逃顶第六步

【“垂暮双顶”逃顶定式的减仓法则】

当东方金钰的股价跌破双顶的颈线时就应该卖出 1/2 到 2/3 的仓位，也就是在图 9－13 中的 E 点位置卖出，卖出后密切注意股价的下一步发展，也许当天就要卖出所有仓位。

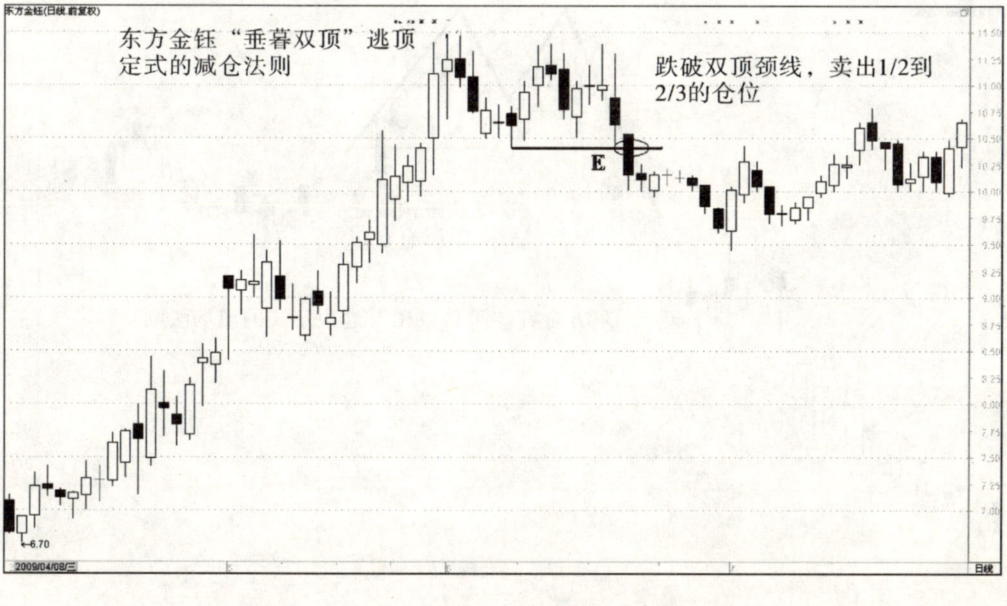

图 9－13 东方金钰“垂暮双顶”的减仓法则

东方金钰逃顶第七步

【"垂暮双顶"逃顶定式的出场法则】

当股价盘中跌破颈线的时候，炒家应该卖出部分仓位，如果此后股价反身向上，则继续持有剩下仓位，如果股价收盘跌破此颈线，则应该在收盘前两分钟内卖出所有剩下的仓位，如图 9－14 的 G 处所示。

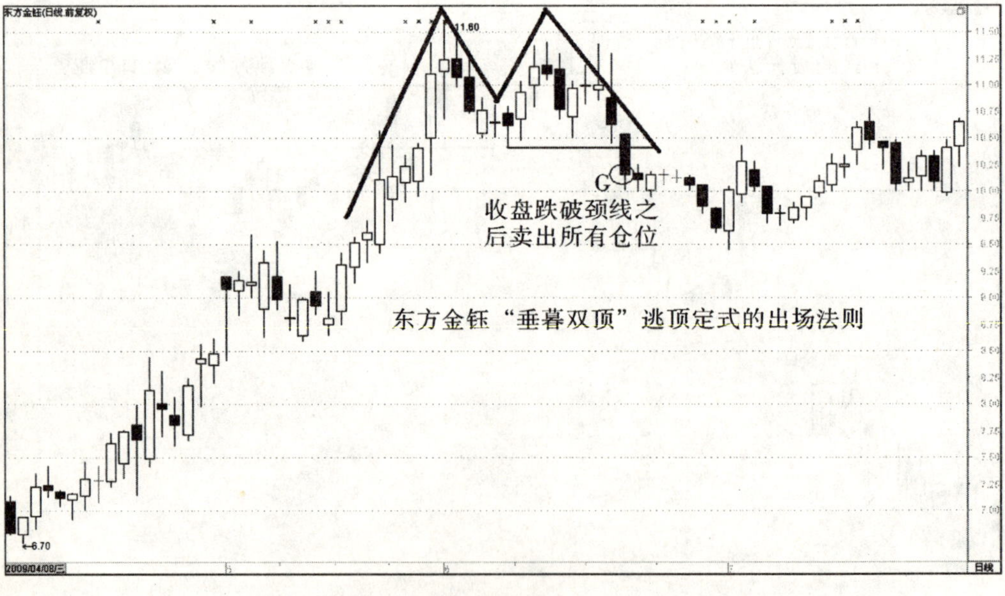

图 9－14　东方金钰"垂暮双顶"的出场法则

◇　完美逃顶“真传一句话”秘籍

西方技术形态中有不少顶部形态，由于这些形态传播很久了，其效力大大下降，所以必需借助于一些其他信号的辅助，方能为短线炒家逃顶所用。

逃顶实操全记录

（请你动脑和动笔运用本招的要诀在近期 A 股中实践逃顶理论）

股票名称或者代码

分析和操作日期

逃顶第一步　“垂暮双顶”逃顶定式模型

逃顶第二步　“垂暮双顶”逃顶定式价量模式

逃顶第三步　“垂暮双顶”逃顶定式趋势指标模式

逃顶第四步　“垂暮双顶”逃顶定式振荡指标模式

逃顶第五步　“垂暮双顶”逃顶定式主力行为模式

逃顶第六步　“垂暮双顶”逃顶定式的减仓法则

逃顶第七步　“垂暮双顶”逃顶定式的出场法则

操作结果和总结

第十招　半步回转

★ 精髓提要

七步完美逃顶路线图之"半步回转"

逃顶第一步　"半步回转"逃顶定式模型
逃顶第二步　"半步回转"逃顶定式价量模式
逃顶第三步　"半步回转"逃顶定式趋势指标模式
逃顶第四步　"半步回转"逃顶定式振荡指标模式
逃顶第五步　"半步回转"逃顶定式主力行为模式
逃顶第六步　"半步回转"逃顶定式的减仓法则
逃顶第七步　"半步回转"逃顶定式的出场法则

很多人喜欢定量化的东西，但是在股市上很少有定量化的东西能够发挥效果。技术指标是定量化的东西，但是单独使用的效果都不尽如人意，所以许多短线高手宁可只使用成交量也不去碰技术指标。但是，这里也存在一种例外的情形，像 0.5 回调线这样的定量化工具却常常发挥意想不到的作用，本章我们就介绍利用 0.5 回调线逃顶的方法。

复星医药逃顶第一步

【“半步回转”逃顶定式模型】

很多时候，炒家都注意从价量和指标的角度去研判行情，但是很少从价格的时空属性去展开研究，江恩和艾略特这两位传奇人物就是从股价的时空属性去展开研判的。“半步回转”与江恩和艾略特的理论都有一定的渊源，这里就不扯这些理论上的问题了，毕竟这本小册子的主要目的是让大家学会逃顶，而不是学会逃顶的理论。所谓的“半步回转”也就是股价下跌后反弹，反弹到下跌幅度的一半时又掉头下降，如图 10－1 所示的复星医药走势。一旦你发现了股价下跌后涨到下跌幅度的一半，则你需要进一步查看下面的几个信号，一旦发现了相应的信号，则可以顺利确认“半步回转”逃顶定式。

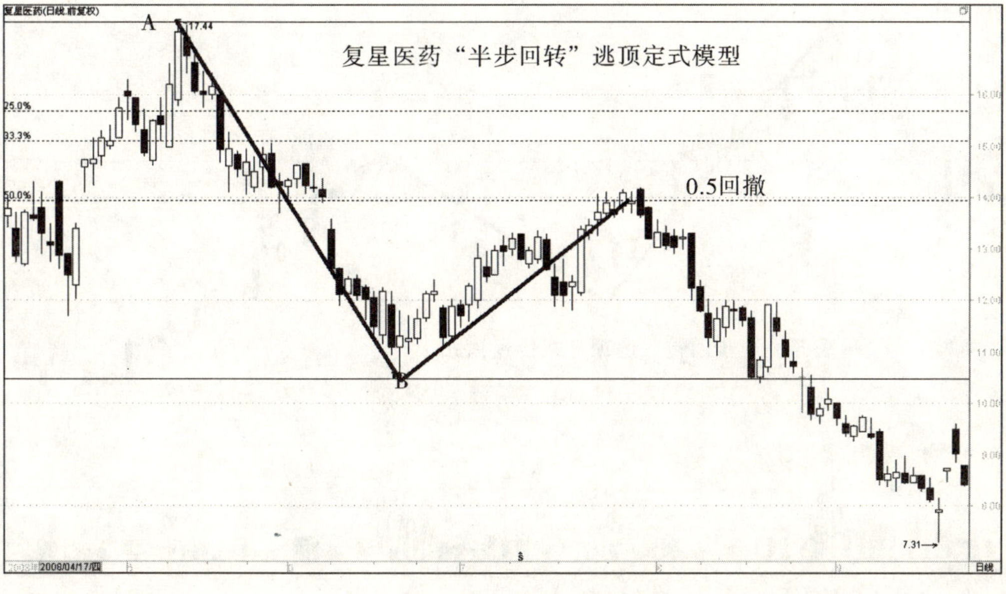

图 10－1 复星医药的“半步回转”

复星医药逃顶第二步

【“半步回转”逃顶定式价量模式】

当股价达到0.5回调线时，我们需要寻找一些确认此处会发生实质转折的信号，第一个信号是K线形态，复星医药股价达到0.5回调线的时候出现了“看跌吞没”，附近的成交量也有放大迹象，所以后市下跌的概率很大，如图10－2所示。

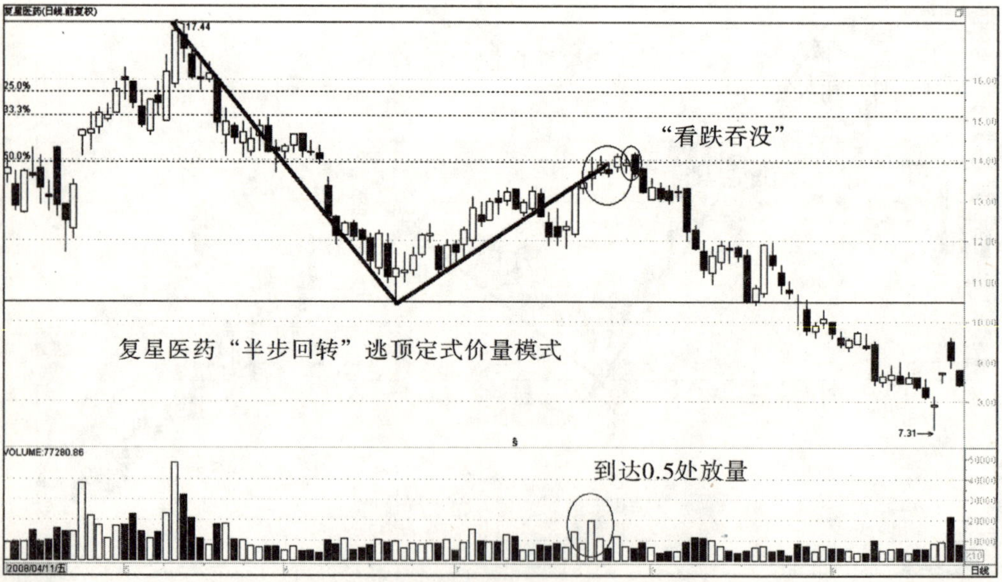

图10－2　复星医药“半步回转”的价量模式

复星医药逃顶第三步

【“半步回转”逃顶定式趋势指标模式】

看了价量在0.5回调线的表现还不够，还需要查看一下120日移动平均线的表现，请看图10-3，股价在120日移动平均线之下运行，也就是说还是处于牛熊分界线的下方，BC段是反弹的可能性大于其是上涨第一阶段的可能性。

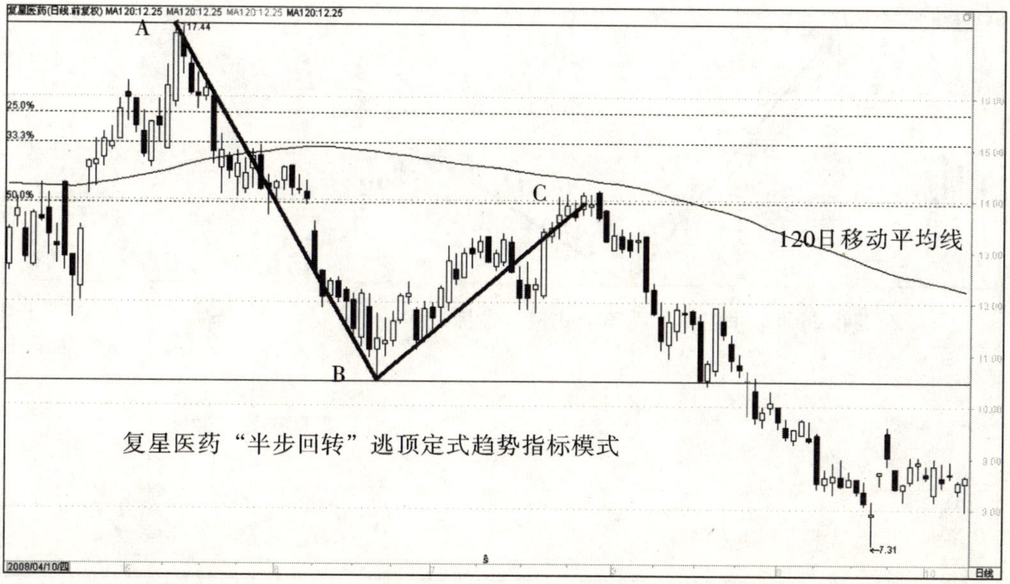

图10-3 复星医药“半步回转”的趋势指标模式

复星医药逃顶第四步

【“半步回转”逃顶定式振荡指标模式】

复星医药股价达到0.5回调线时，对应的振荡指标KD位于超买区域附近，并且有死叉倾向，这表明后市转而下跌的可能性很大，如图10－4所示。

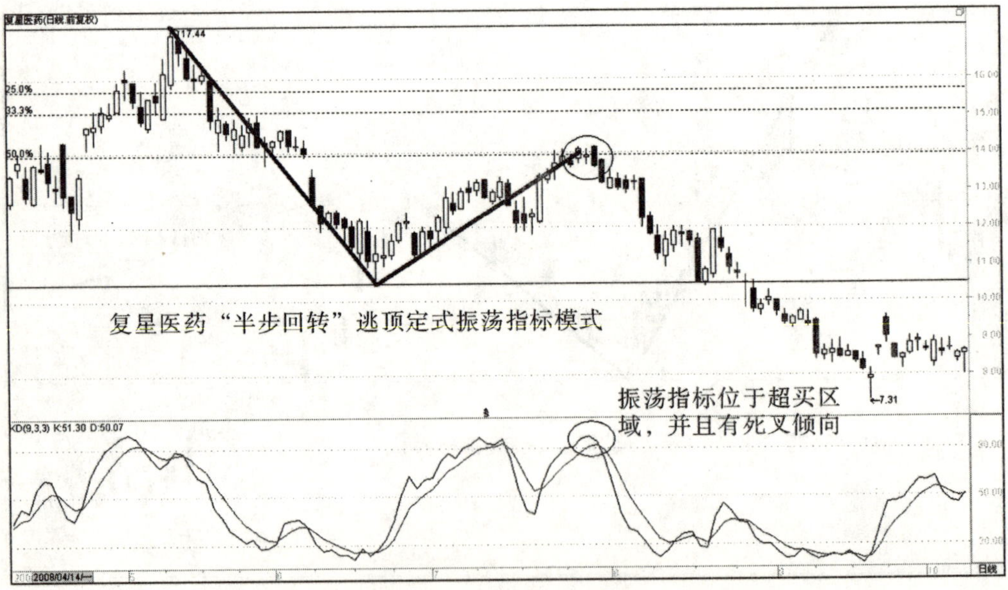

图10－4　复星医药“半步回转”的振荡指标模式

复星医药逃顶第五步

【“半步回转”逃顶定式主力行为模式】

复星医药“半步回转”的可能性很大，于是我们再进一步作一些分析，这里主要是主力行为分析，请看图 10－5 所示。从图中的标注可以看出，此波上扬到 0.5 的走势缺乏明显主力介入的迹象，所以创出新高的可能性很低，转而下跌的可能性很高。

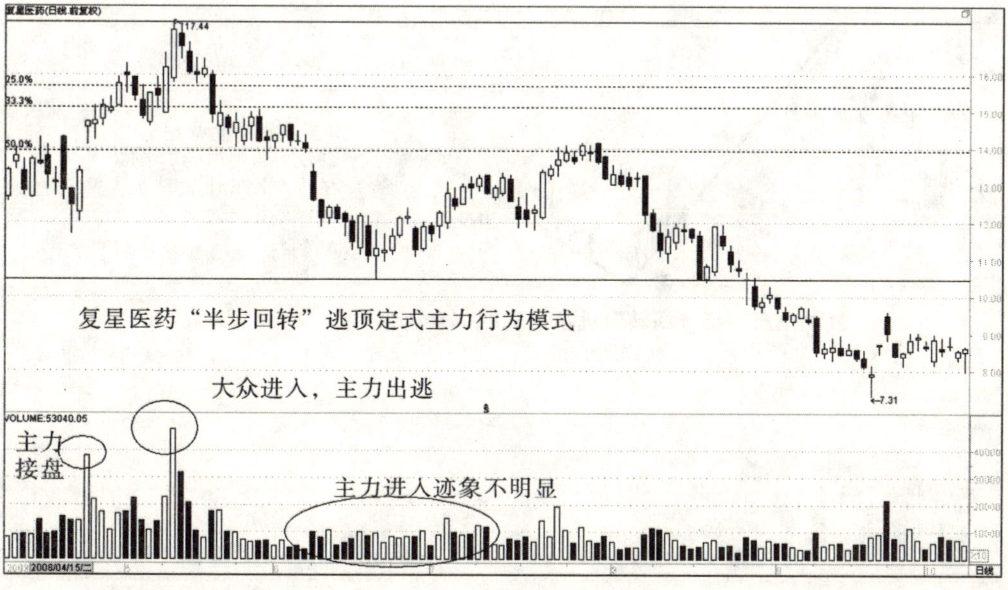

图 10－5　复星医药“半步回转”的主力行为模式

复星医药逃顶第六步

【“半步回转”逃顶定式的减仓法则】

确认了复星医药的“半步回转”之后，就是具体的出场操作了，首先是减仓。请看图 10－6，0.5 附近出现了看跌反转 K 线组合——“看跌吞没”，在此形态完结后的第一根 K 线开盘时卖出 1/2 到 2/3 的仓位。

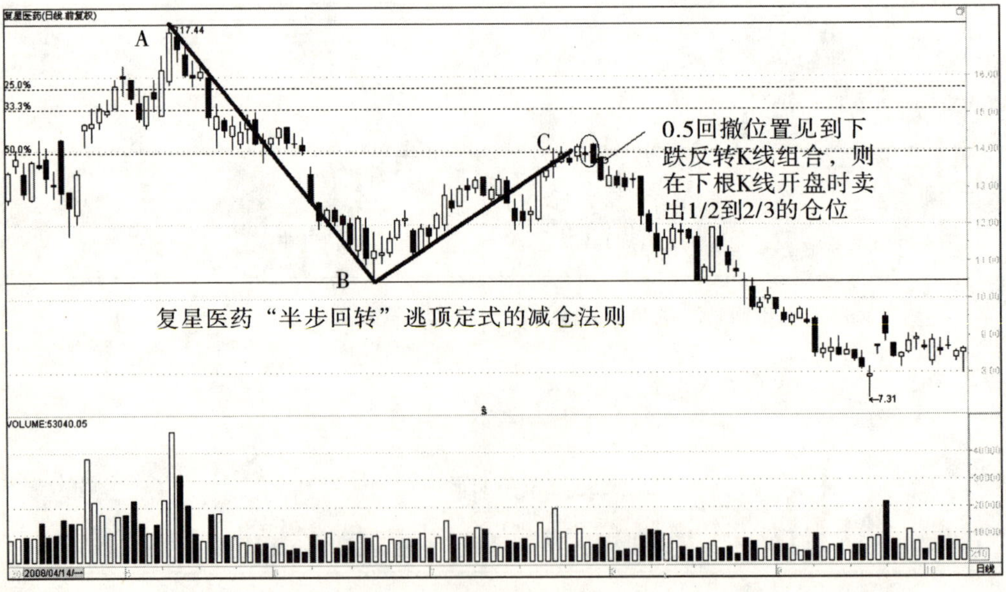

图 10－6　复星医药“半步回转”的减仓法则

复星医药逃顶第七步

【“半步回转”逃顶定式的出场法则】

卖出后继续观察复星医药的股价走势，以看跌吞没的最低价为基准画水平线，在收盘前两分钟的时候，如果股价低于此水平线，则卖出所有仓位，如图10－7所示。在图10－7的E点处卖出所有的复星医药股票，这样就顺应了市场进一步下跌的信号。

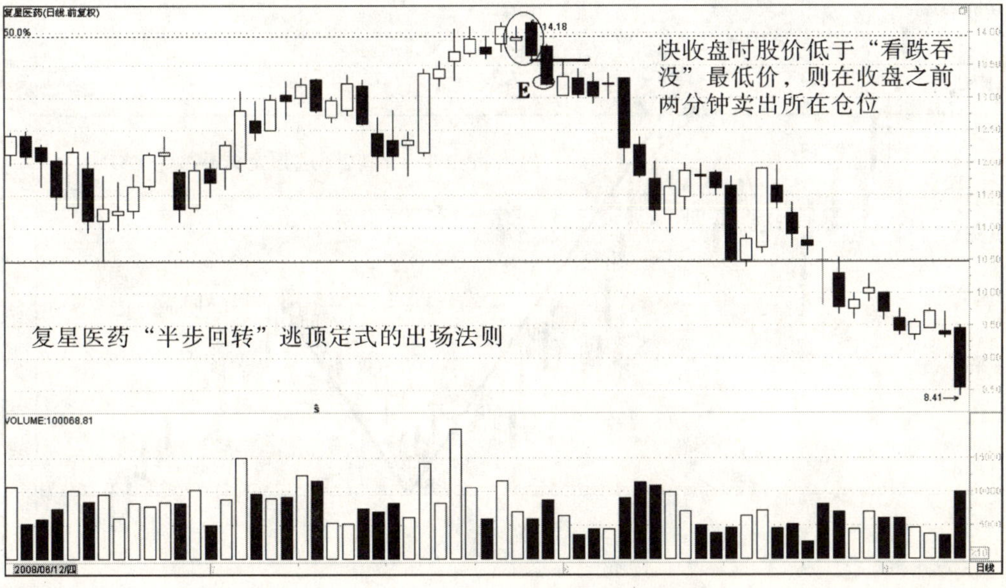

图10－7　复星医药“半步回转”的出场法则

伊力特逃顶第一步

【“半步回转”逃顶定式模型】

“半步回转”是比较复杂的逃顶定式，许多散户对此掌握起来存在一定的困难，特别是对于 0.5 回调线的理解存在困难，所以自己亲自动手画一画回调线是必要的。我们这里再举一个利用“半步回转”逃顶的实例，请看图 10－8，这是伊力特的日线走势图，AB 是一段下降走势，股价从 B 点反弹到 AB 的 0.5 位置，这就是达到了“半步回转”的基准线处，需要进一步的观察才能确定是否存在真正的“半步回转”。

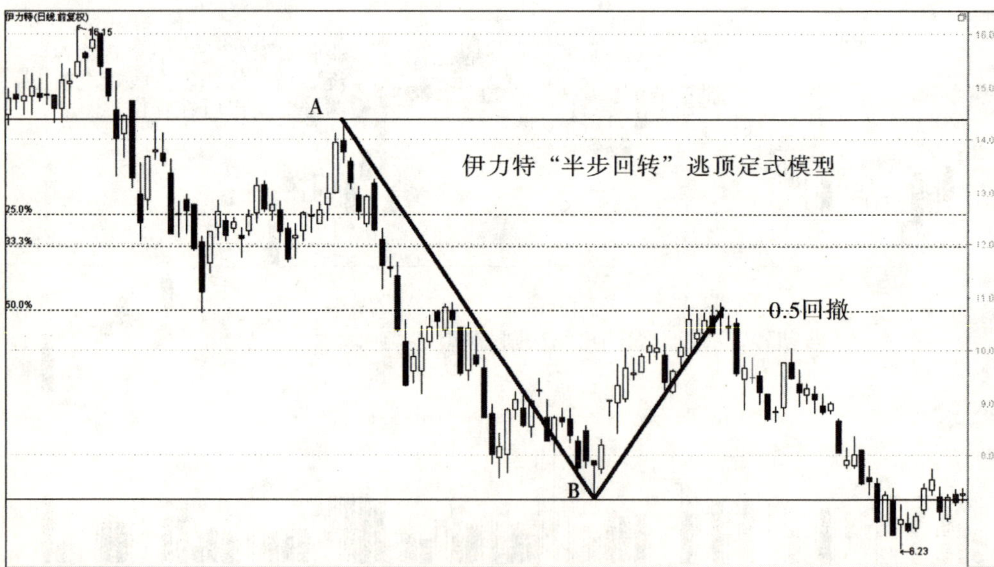

图 10－8　伊力特的“半步回转”

伊力特逃顶第二步

【“半步回转”逃顶定式价量模式】

伊力特股价达到 0.5 回调线时出现了看跌吞没，同时成交量出现了局部放量，如图 10－9 所示，这符合了“半步回转”逃顶定式的价量模式。

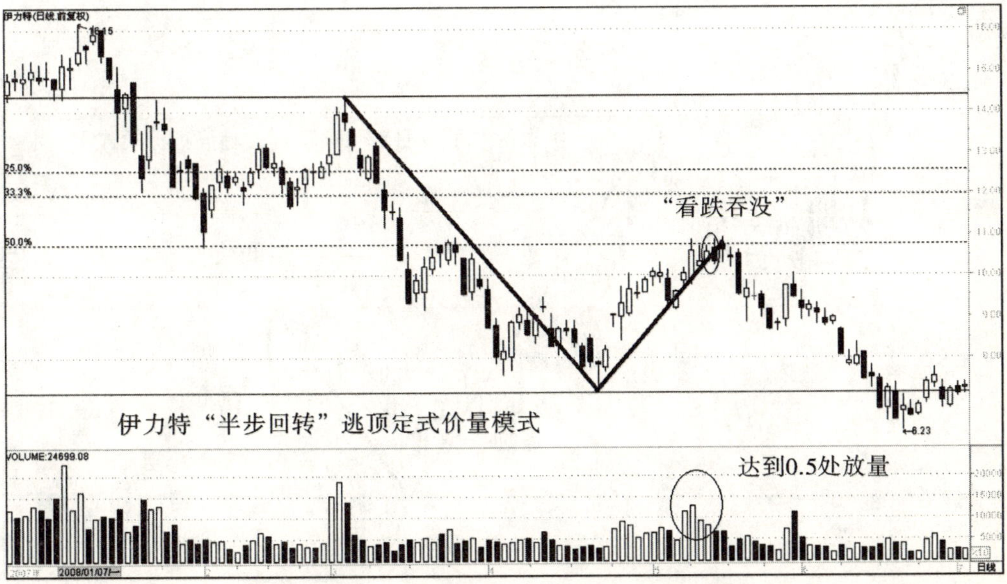

图 10－9　伊力特“半步回转”的价量模式

伊力特逃顶第三步

【"半步回转"逃顶定式趋势指标模式】

从趋势指标模式的角度分析伊力特的走势，请看图 10－10，股价一直在 120 日均线之下运行，BC 这波上扬仍旧处于 120 日均线之下，熊市格局未改，下跌可能性较大。

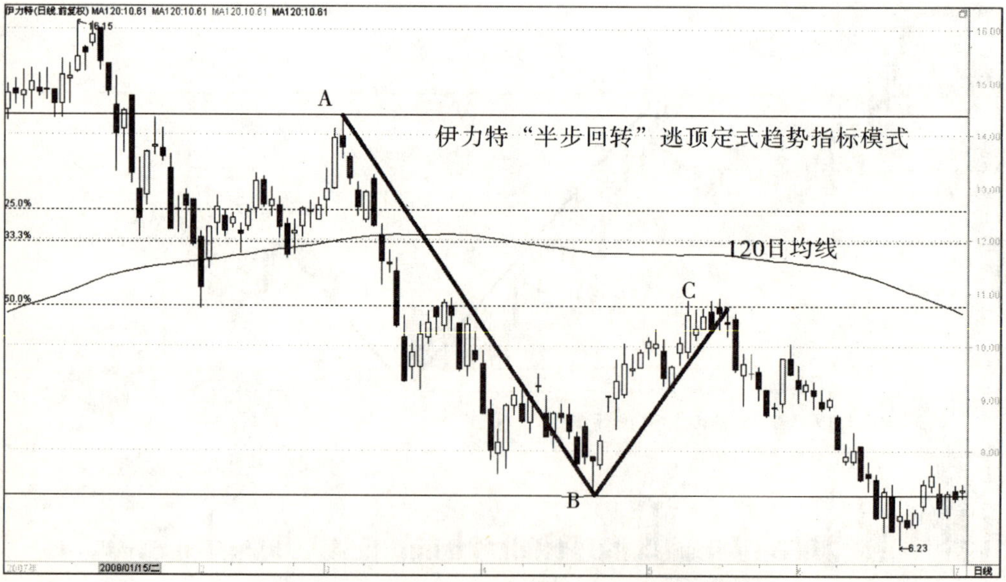

图 10－10　伊力特"半步回转"的趋势指标模式

伊力特逃顶第四步

【“半步回转”逃顶定式振荡指标模式】

当伊力特股价达到0.5回调线的时候，振荡指标KD也进入到了超买区域，同时有死叉倾向，这表明股价有调整的需要，如图10－11所示。

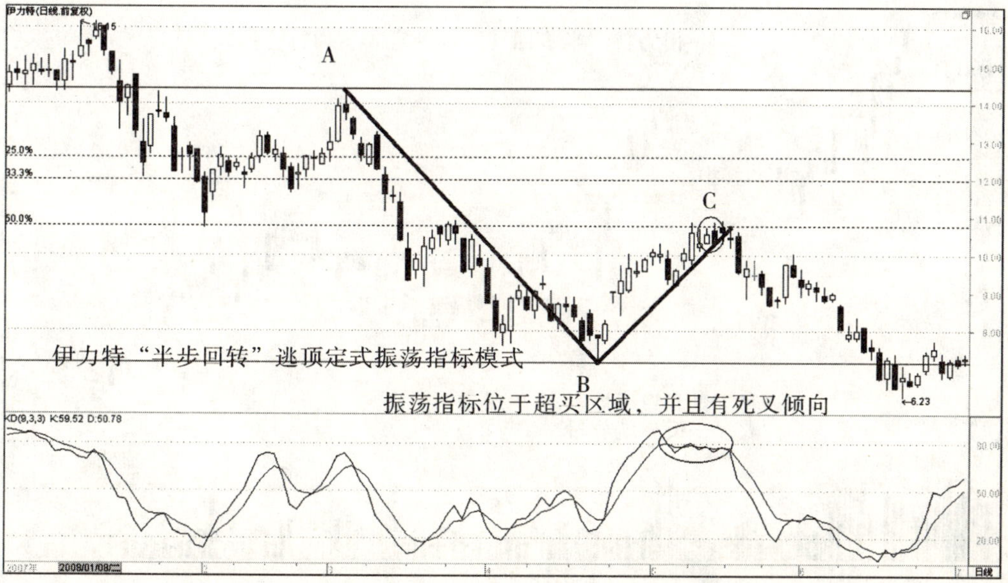

图10－11　伊力特“半步回转”的振荡指标模式

伊力特逃顶第五步

【“半步回转”逃顶定式主力行为模式】

伊力特股价走势中的主力行为模式可以从图 10－12 中掌握，在股价从高处下跌的过程中，有一些反弹，但是套牢盘和短线炒家比较多，所以稍微反弹就有一些卖盘涌出，股价恢复涨势的可能性不大，这也是我们判断此波上涨无主力的可能较大的原因。

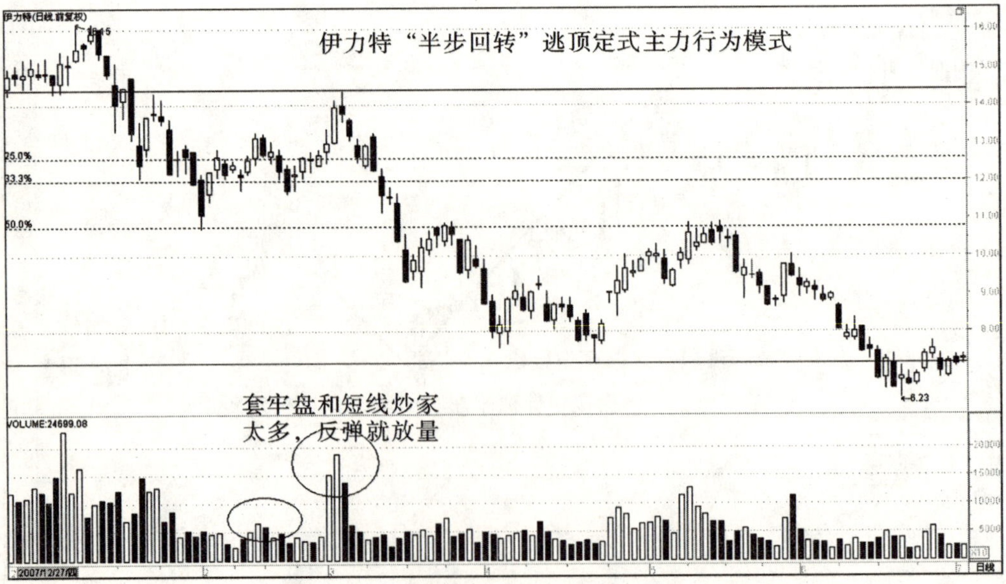

图 10－12　伊力特“半步回转”的主力行为模式

伊力特逃顶第六步

【“半步回转”逃顶定式的减仓法则】

确认了伊力特的“半步回转”之后，我们就需要落实出场步骤了，请看图 10－13，股价在 0.5 回调位置出现了看跌吞没之后，就应该在接下来的一根 K 线开盘时卖出 1/2 到 2/3 的仓位。

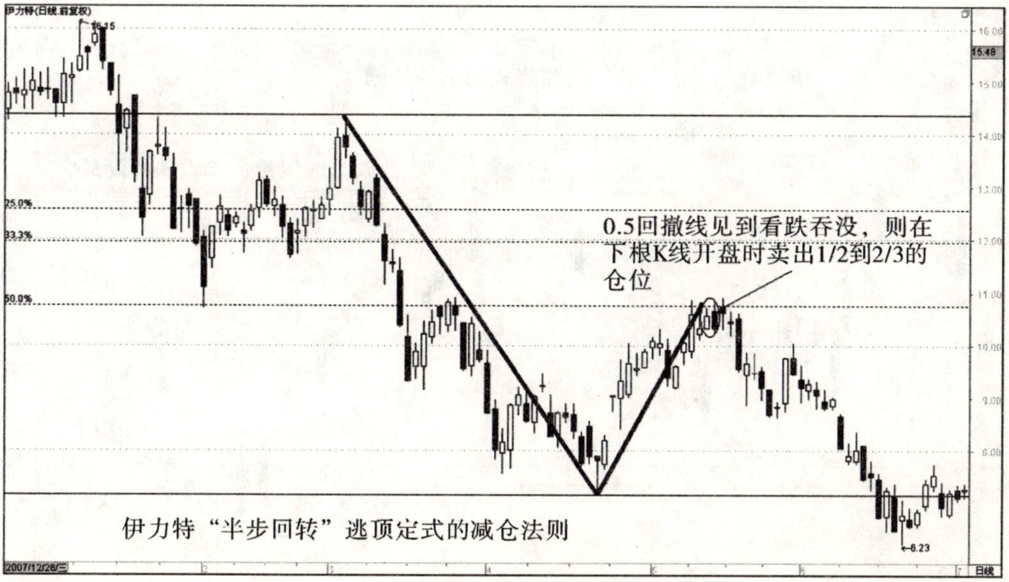

图 10－13　伊力特“半步回转”的减仓法则

伊力特逃顶第七步

【“半步回转”逃顶定式的出场法则】

减仓之后，以看跌吞没的最低价为参照基准，当股价收盘前两分钟之内价格低于此基准则卖出所有仓位，如图 10－14 所示。

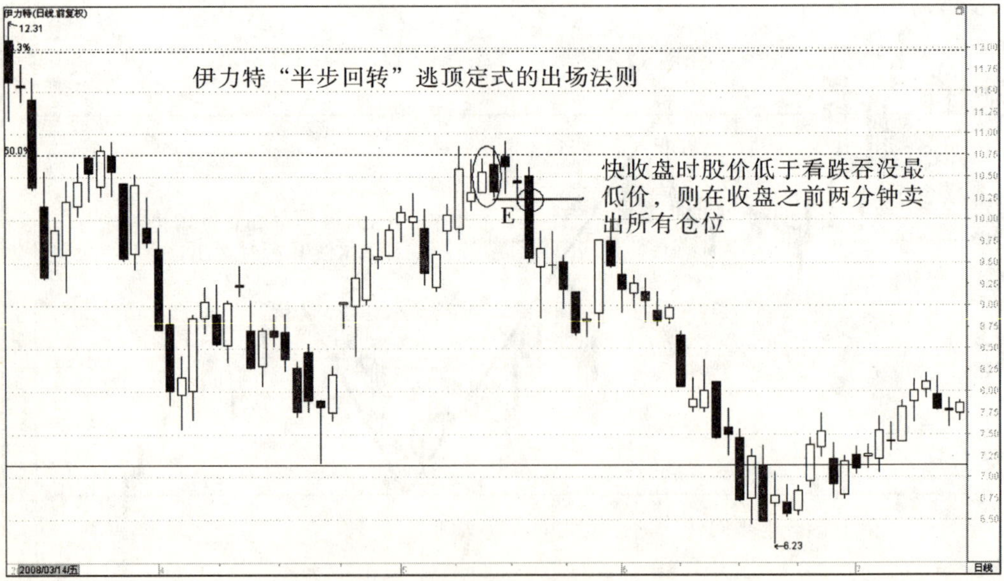

图 10－14　伊力特“半步回转”的出场法则

◇　完美逃顶“真传一句话”秘籍

逃顶的工具很多，短线炒家在买入方法上可以少一些，在卖出方法上则可以多一些，毕竟买入容易卖出难，很少有散户去钻研逃顶技术的，买得好不能保证长期盈利，卖得好则一定能够保证长期盈利。

逃顶实操全记录

（请你动脑和动笔运用本招的要诀在近期 A 股中实践逃顶理论）

股票名称或者代码

分析和操作日期

逃顶第一步　“半步回转”逃顶定式模型

逃顶第二步　“半步回转”逃顶定式价量模式

逃顶第三步　“半步回转”逃顶定式趋势指标模式

逃顶第四步　“半步回转”逃顶定式振荡指标模式

逃顶第五步　“半步回转”逃顶定式主力行为模式

逃顶第六步　“半步回转”逃顶定式的减仓法则

逃顶第七步　“半步回转”逃顶定式的出场法则

操作结果和总结

第十一招　断头铡刀

★ 精髓提要

七步完美逃顶路线图之"断头铡刀"

逃顶第一步　"断头铡刀"逃顶定式模型
逃顶第二步　"断头铡刀"逃顶定式价量模式
逃顶第三步　"断头铡刀"逃顶定式趋势指标模式
逃顶第四步　"断头铡刀"逃顶定式振荡指标模式
逃顶第五步　"断头铡刀"逃顶定式主力行为模式
逃顶第六步　"断头铡刀"逃顶定式的减仓法则
逃顶第七步　"断头铡刀"逃顶定式的出场法则

移动平均线对于趋势的终结有很好的研判优势，但同时移动平均线也容易为振荡走势的假信号所累。为了避免移动平均线的这种弊端，我们引入了双移动平均线，但是双移动平均线仍旧不能够很好地过滤振荡走势，这就要求加入一些其他元素。本章中，我们会介绍双移动平均线结合特别 K 线的逃顶信号，通过掌握 K 线信号对双移动平均线信号的过滤，你可以比普通的移动平均线使用者做得更好。

西宁特钢逃顶第一步

【“断头铡刀”逃顶定式模型】

“断头铡刀”是我们本章要介绍的逃顶定式，请看图 11－1，这是西宁特钢的日线走势图，图中有两条移动平均线，一条是 15 日移动平均线，一条是 5 日移动平均线。对于投机客而言，15 日移动平均线算得上是中线持仓参照线，5 日移动平均线则是短线持仓参照线。当 5 日移动平均线跌破 15 日移动平均线，也就是说 5 日移动平均线在 15 日移动平均线之下，而阴线实体横截两条移动平均线（注意是阴线的实体部分），这就是“断头铡刀”的价格形态。

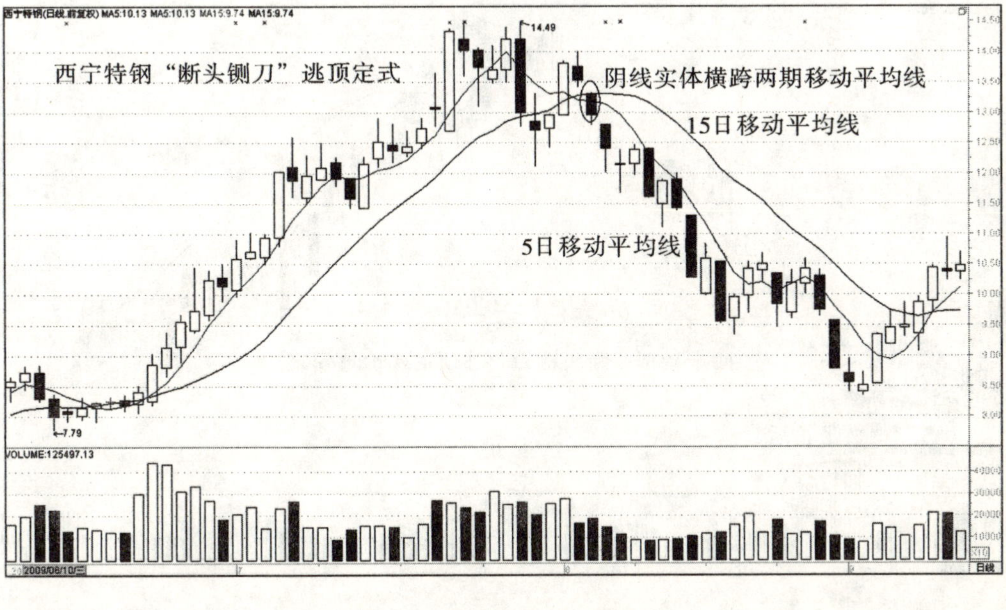

图 11－1　西宁特钢的“断头铡刀”

西宁特钢逃顶第二步

【"断头铡刀"逃顶定式价量模式】

是不是真正的"断头铡刀"不光要看移动平均线和阴线实体的关系，还要看成交量与它们的关系，请看图 11－2。A 处似乎也有是"断头铡刀"，其实 B 处才是真正的"断头铡刀"，因为 A 处的放量在后，而 B 处的放量在前，"断头铡刀"出现的时候，一定是之前不远处已经出现了放量。

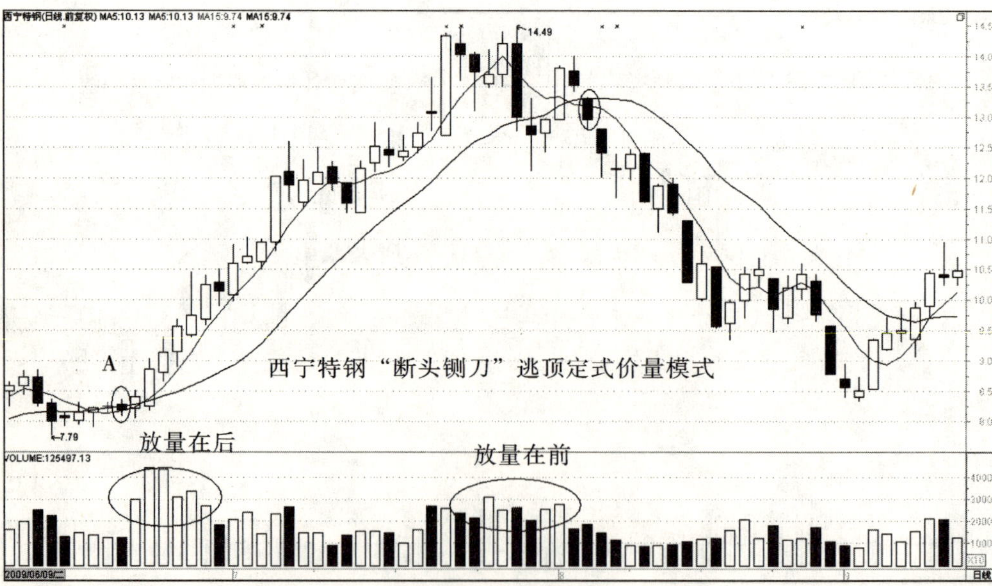

图 11－2　西宁特钢"断头铡刀"的价量模式

西宁特钢逃顶第三步

【“断头铡刀”逃顶定式趋势指标模式】

“断头铡刀”逃顶定式的第三步分析是查看趋势指标的模式，这里就比较简单了，当阴线实体截断两条移动平均线时，5 日移动平均线在 15 日移动平均线之下，这就符合了趋势指标的模式，如图 11－3 所示。短期持仓成本低于中期持仓成本，代表最近买入的散户都处于亏损状态。

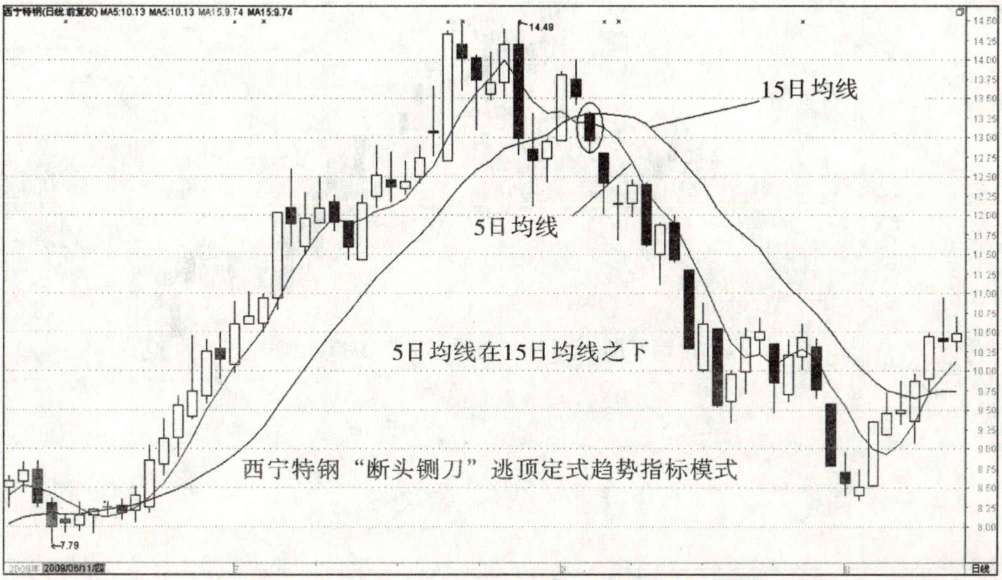

图 11－3 西宁特钢“断头铡刀”的趋势指标模式

西宁特钢逃顶第四步

【"断头铡刀"逃顶定式振荡指标模式】

那么，"断头铡刀"的振荡指标模式是什么呢？请看图 11－4，当炒家查看完了西宁特钢的趋势指标模式，接下来就需要查看振荡指标模式，该模式要求价量关系发生时，KD 指标位于 50 附近，表明市场已经开始由绝对的多头转入了多空平衡的状态。

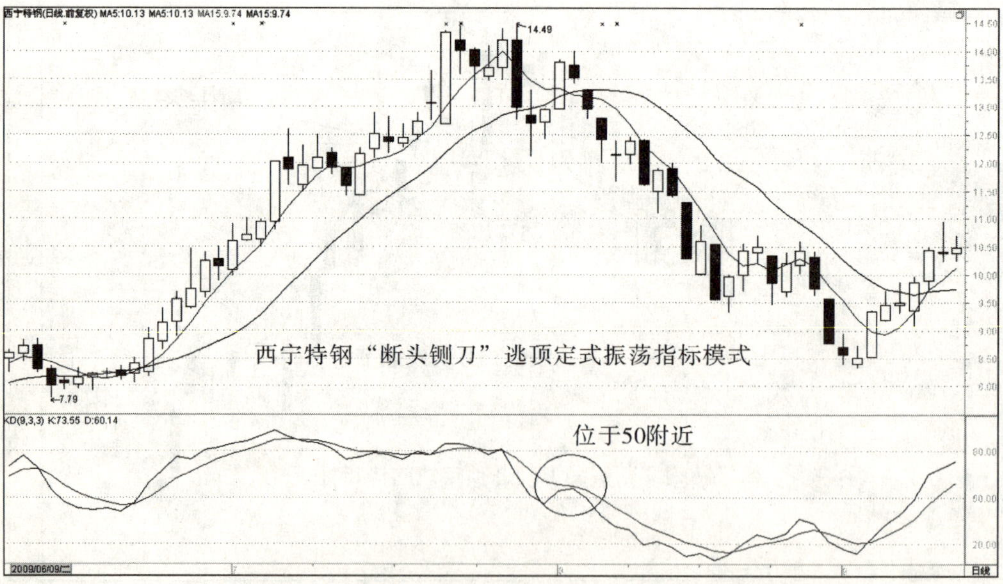

图 11－4　西宁特钢"断头铡刀"的振荡指标模式

西宁特钢逃顶第五步

【“断头铡刀”逃顶定式主力行为模式】

一般而言，“断头铡刀”不需要进行主力行为模式分析，只要符合前面的价量分析和指标分析即可，但是加入这一分析步骤可以使炒家对自己的操作更加具有信心，请看图 11－5。西宁特钢主力的整个操作过程在该图中已经基本表明，通过价量运动的三个阶段可以很好地了解阶段主力的运作模式，首先是价平量增，这是吸筹，接着是价涨量增，这是快速拉升阶段，最后是高位盘整放量，这是出货阶段。

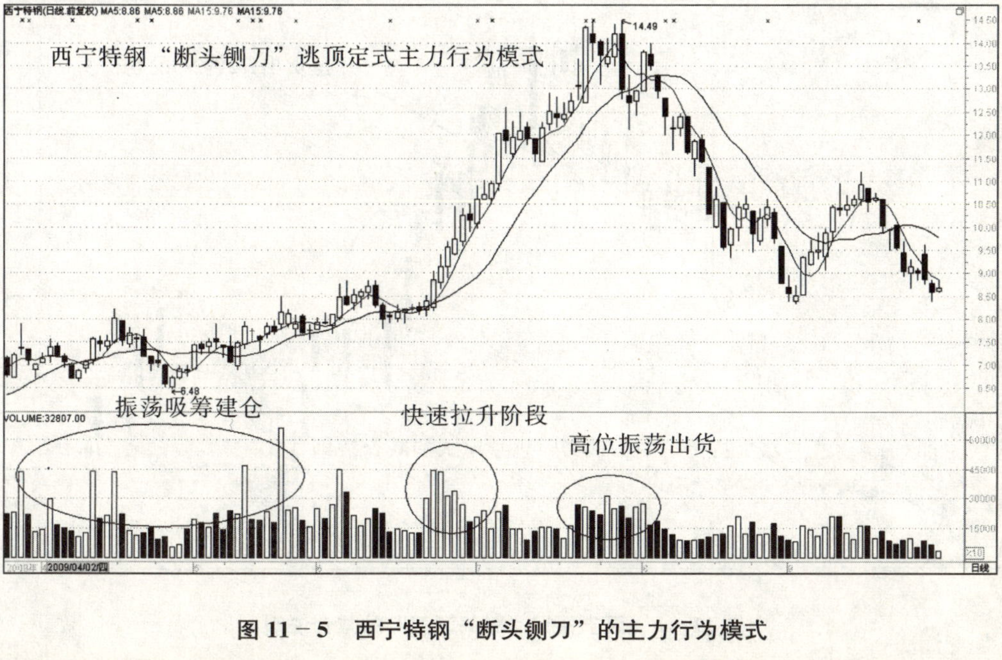

图 11－5　西宁特钢“断头铡刀”的主力行为模式

西宁特钢逃顶第六步

【“断头铡刀”逃顶定式的减仓法则】

一旦确认了西宁特钢走势上的“断头铡刀”，接着就应该落实具体的退场操作了，首先是减仓，请看图 11－6。“断头铡刀”形成后的第一根 K 线开盘就是卖出时机，卖出的比率在整个仓位的 1/2 到 2/3，不低于 1/2。

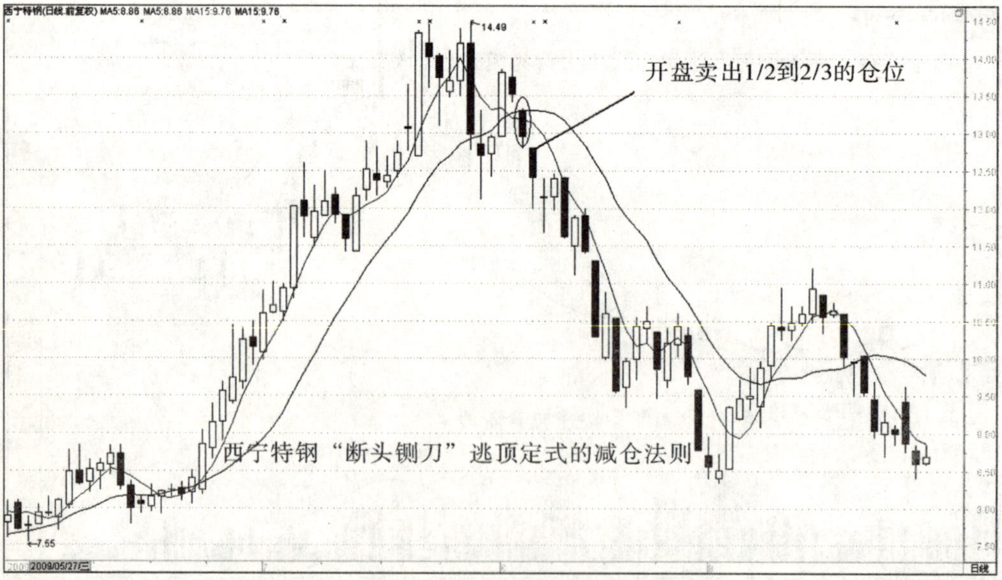

图 11－6　西宁特钢“断头铡刀”的减仓法则

西宁特钢逃顶第七步

【“断头铡刀”逃顶定式的出场法则】

减仓后，以“断头铡刀”K线的最低价为基准，当收盘前两分钟内股价跌破此基准线，则卖出所有仓位，如图11－7所示。一般而言，当股价同时穿移动平均线和前期低点，则后市反弹的概率很小，所以此时清空仓位从概率上来讲是非常理性的操作，此后上升的概率和空间都很小，持仓已无必要。

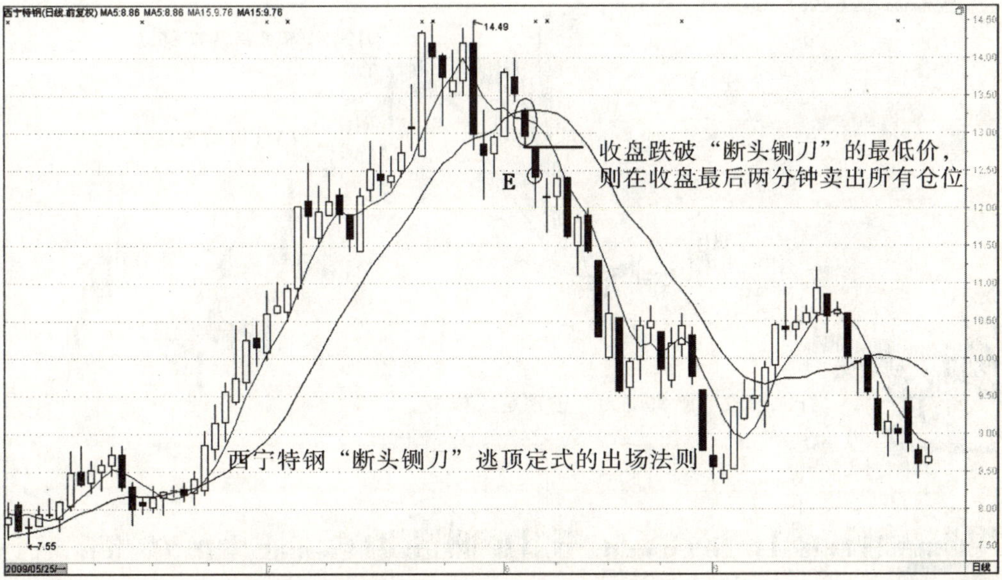

图11－7　西宁特钢“断头铡刀”的出场法则

香江控股逃顶第一步

【“断头铡刀”逃顶定式模型】

由于“断头铡刀”比较复杂，对于其的学习可能比“半步回转”更需要时间，所以我们更有必要再举一个实例来加以说明了，请看图 11－8，这是香江控股的实例。阴线实体截断了两条移动平均线，其中 5 日移动平均线在 15 日移动平均线之下。

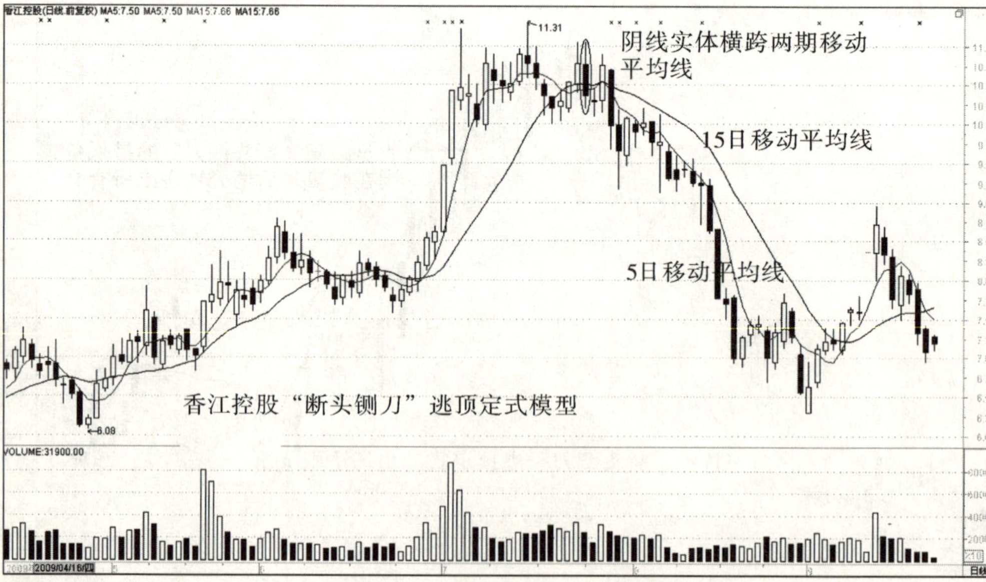

图 11－8　香江控股的“断头铡刀”

香江控股逃顶第二步

【“断头铡刀”逃顶定式价量模式】

光看股价形态和移动平均线位置关系是不是判定“断头铡刀”的，还需要成交量和价格关系的研判，真正“断头铡刀”的放量是在之前不远处的，也就是图 11－9 中的 B 处，而该图中的 A 处虽然价格和移动平均线的关系也符合“断头铡刀”的要求，但是成交量的位置却不符合，因为放量在后。所以，“断头铡刀”逃顶第二步的要领在于分析价量关系。

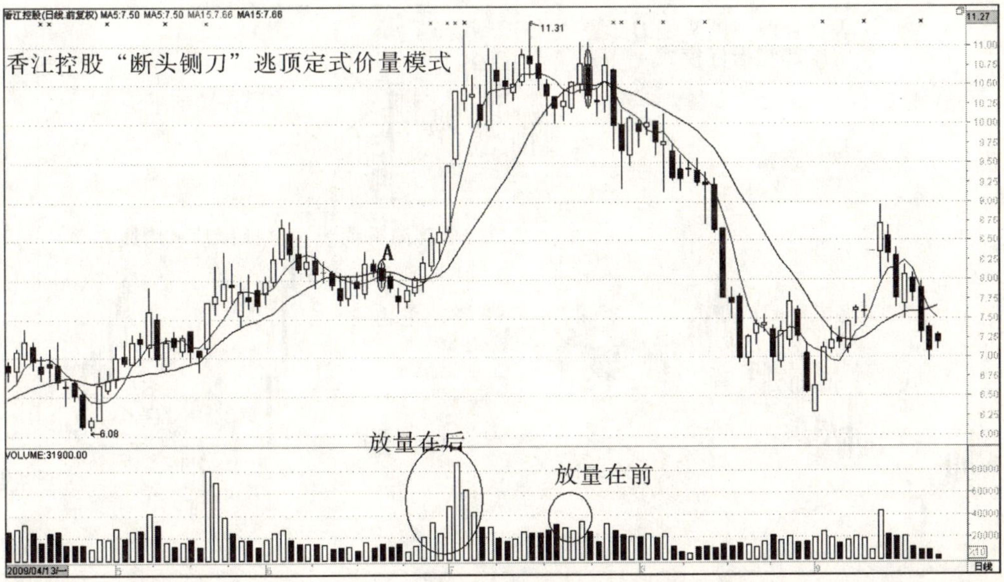

图 11－9　香江控股“断头铡刀”的价量模式

香江控股逃顶第三步

【"断头铡刀"逃顶定式趋势指标模式】

明确了价格和移动平均线的关系，明确了价格和成交量的关系，接着就要再度确认下移动平均线之间的关系，也就是5日移动平均线要在15日移动平均线之下，如图11－10所示。这个关系基本包含在"断头铡刀"的基本模式中了，但是最好还是在第三步分析中予以强调。

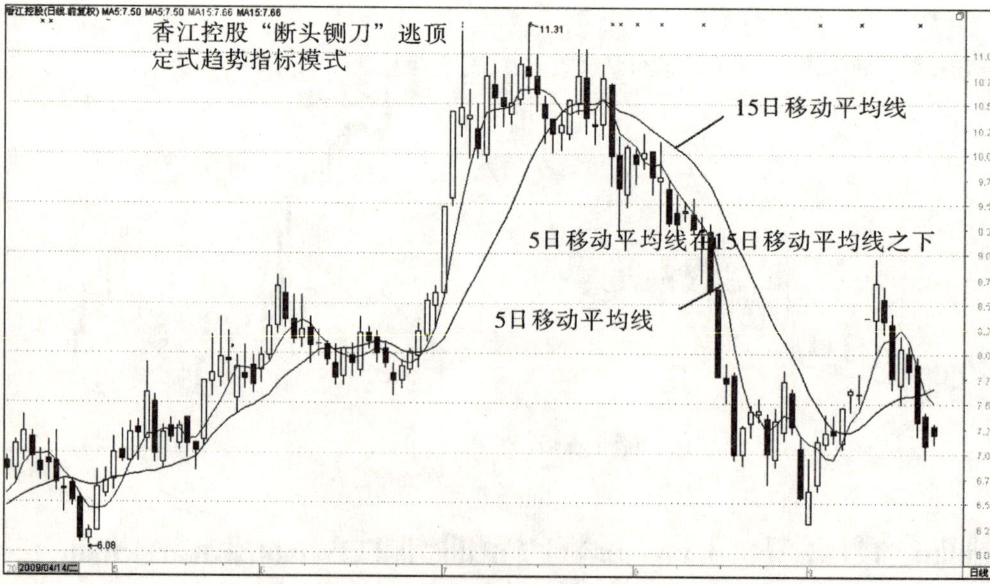

图11－10 香江控股"断头铡刀"的趋势指标模式

香江控股逃顶第四步

【“断头铡刀”逃顶定式振荡指标模式】

香江控股的“断头铡刀”出现时，振荡指标 KD 位于中线附近，表明了多头向平衡市的转化，这也是继续上涨概率减小，下跌概率增大的原因，如图 11－11 所示。

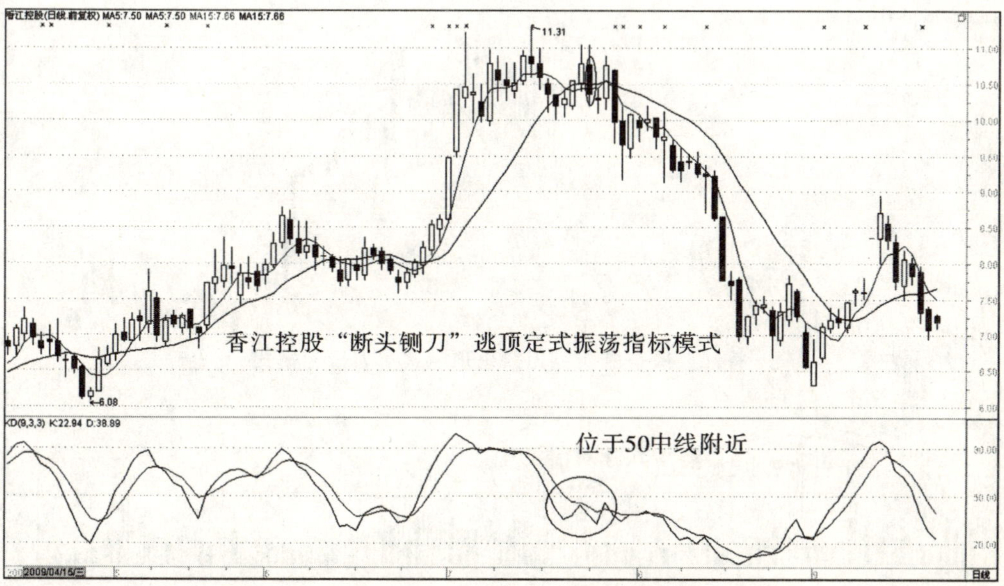

图 11－11　香江控股“断头铡刀”的振荡指标模式

香江控股逃顶第五步

【“断头铡刀”逃顶定式主力行为模式】

香江控股出现在“断头铡刀”之前的价量关系也体现出较为明显的主力行为模式，比如缓慢爬升中一步三跌式的洗筹和吸筹，以及此后的快速拉升脱离成本区和吸引人气，最终在高位慢慢出货，如图 11－12 所示，如此看来，后市不得不跌。

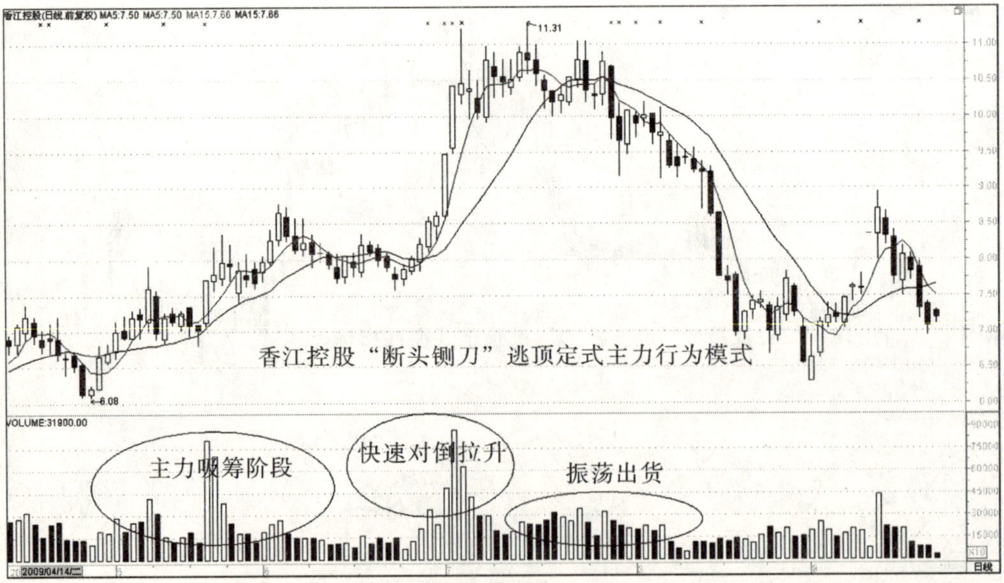

图 11－12　香江控股“断头铡刀”的主力行为模式

香江控股逃顶第六步

【“断头铡刀”逃顶定式的减仓法则】

在进行完五步全面分析之后，香江控股的逃顶操作可以开始了，首先是在香江控股的“断头铡刀”形成之后的第一根价格线开盘时卖出 1/2 到 2/3 的仓位。这就是减仓，顺着趋势的改变逐渐调整仓位而不是一味地强行调整仓位。

图 11－13　香江控股“断头铡刀”的减仓法则

香江控股逃顶第七步

【“断头铡刀”逃顶定式的出场法则】

当香江控股的股价收盘价（实际为收盘前两分钟的股价）跌破“断头铡刀”最低价时，卖出所有仓位，请看图 11－14 所示。

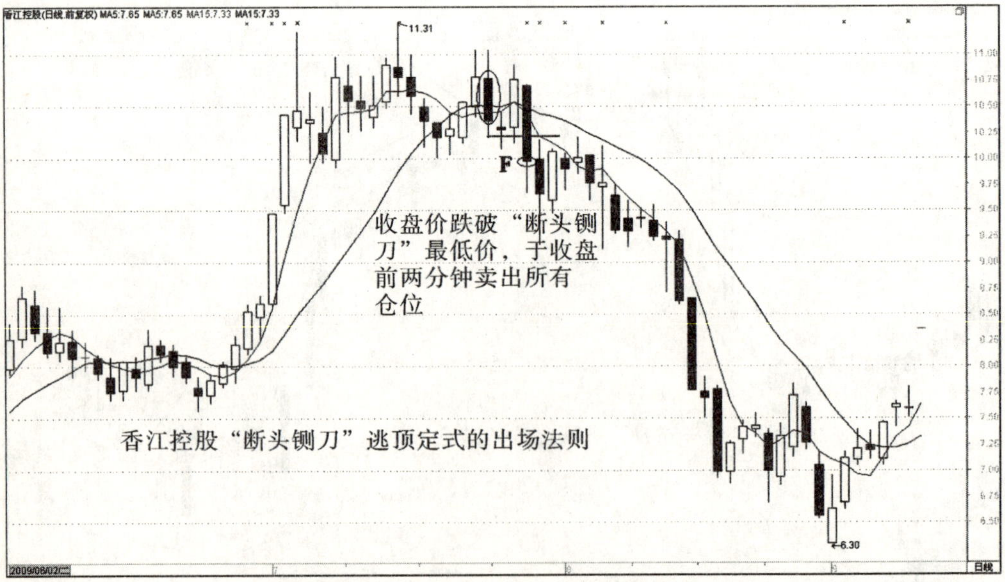

图 11－14　香江控股“断头铡刀”的出场法则

◇ 完美逃顶“真传一句话”秘籍

逃顶的要义不在于繁琐，而在于完备而有可操作性，不少谈及逃顶和解套的书都以理念为主，大道理一大篇，真正有用的东西却不多。真正对逃顶有用的东西，还是具体的技巧，然后才谈得上理念上的升华。

逃顶实操全记录

（请你动脑和动笔运用本招的要诀在近期 A 股中实践逃顶理论）

股票名称或者代码

分析和操作日期

逃顶第一步　“断头铡刀”逃顶定式模型

逃顶第二步　“断头铡刀”逃顶定式价量模式

逃顶第三步　“断头铡刀”逃顶定式趋势指标模式

逃顶第四步　“断头铡刀”逃顶定式振荡指标模式

逃顶第五步　“断头铡刀”逃顶定式主力行为模式

逃顶第六步　“断头铡刀”逃顶定式的减仓法则

逃顶第七步　“断头铡刀”逃顶定式的出场法则

操作结果和总结

第十二招　动量死叉

★ 精髓提要

七步完美逃顶路线图之“动量死叉”

逃顶第一步　“动量死叉”逃顶定式模型
逃顶第二步　“动量死叉”逃顶定式价量模式
逃顶第三步　“动量死叉”逃顶定式趋势指标模式
逃顶第四步　“动量死叉”逃顶定式振荡指标模式
逃顶第五步　“动量死叉”逃顶定式主力行为模式
逃顶第六步　“动量死叉”逃顶定式的减仓法则
逃顶第七步　“动量死叉”逃顶定式的出场法则

在逃顶中，很多信号连续出现两次则表明“狼真的来了”，所以双重顶部背离比单背离更有效，而三重顶似乎又比双重顶更有效，这就是“技术信号双重放大原理”，在本章中我们会介绍一个双重信号，这就是动量的第二次交叉逃顶信号。技术指标的第一次交叉信号为绝大多数散户所使用，由于使用者众多使得这种用法的效力消失殆尽，我们这里介绍的动量第二次交叉逃顶信号的使用者较少，所以效果还不错。

福建南纸逃顶第一步

【“动量死叉”逃顶定式模型】

我们来看第一个“动量交叉”逃顶定式的实例，请看图 12－1，这是福建南纸的日线走势图。所谓“动量交叉”主要是查看 MACD 指标的两条线，如果在零轴以上较短时间内连续两次死叉则符合我们这里“动量交叉”的基本定义。

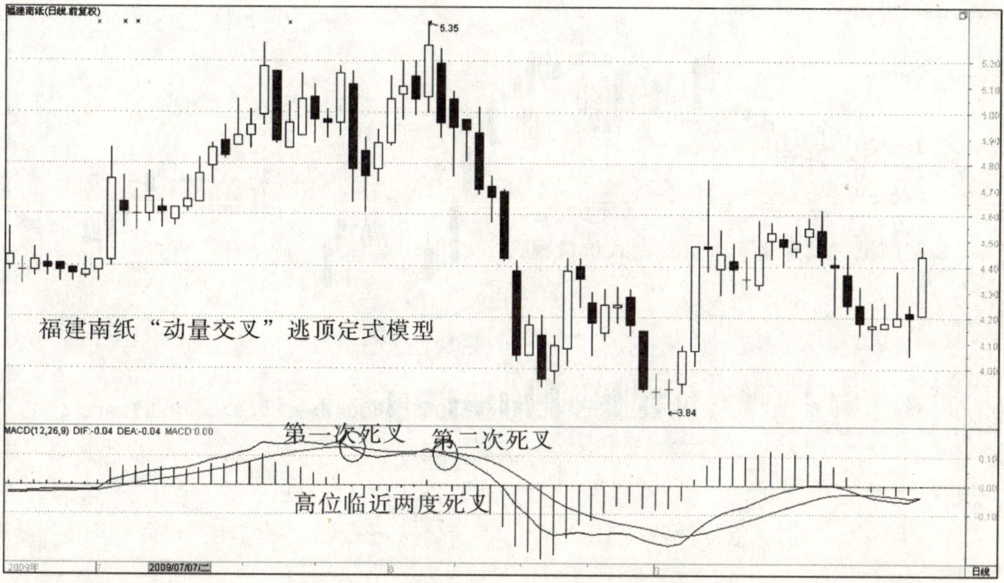

图 12－1　福建南纸的“动量死叉”

福建南纸逃顶第二步

【“动量死叉”逃顶定式价量模式】

剖析福建南纸“动量死叉”的第二步是查看价量模式，这里主要是成交量的模式，请看图 12－2，福建南纸的成交量在两次临近死叉之间出现了阶段性的天量，这表明可能有大量筹码在此高位出逃。

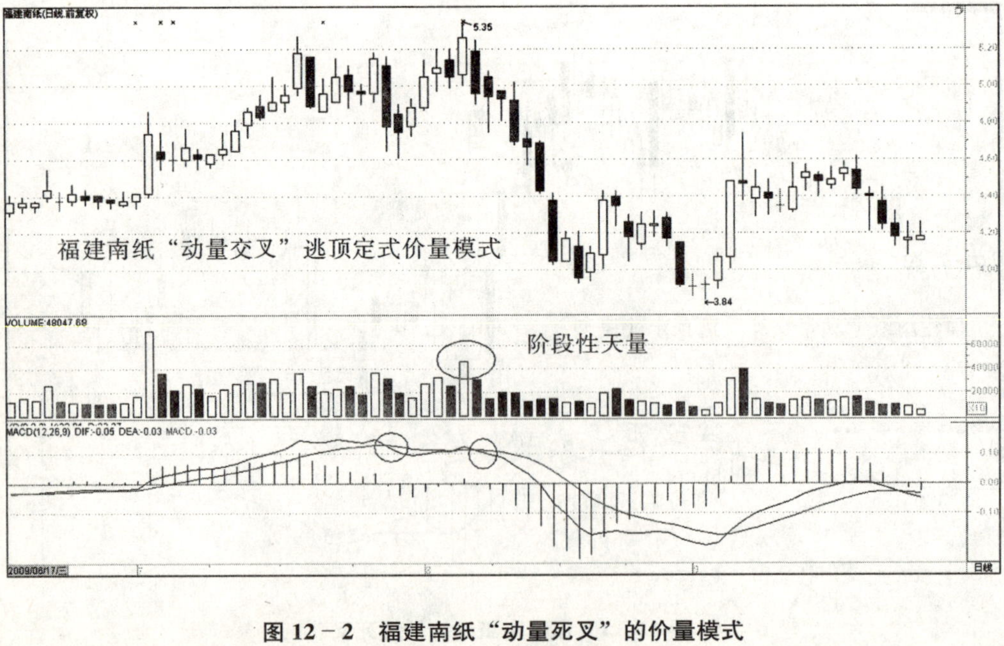

图 12－2　福建南纸“动量死叉”的价量模式

福建南纸逃顶第三步

【“动量死叉”逃顶定式趋势指标模式】

在对“动量交叉”进行趋势指标模式甄别的时候，我们一般采用21日移动平均线，这是一条比较神奇的移动平均线，通常那些较为有效的“动量交叉”逃顶定式会在短期内两次跌破移动平均线，如图12－3所示。

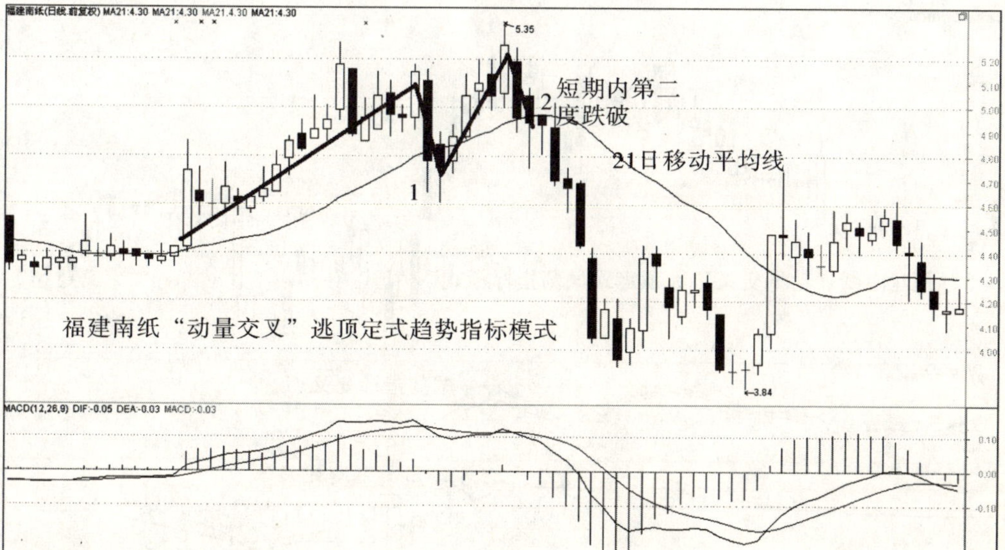

图12－3　福建南纸“动量死叉”的趋势指标模式

福建南纸逃顶第四步

【“动量死叉”逃顶定式振荡指标模式】

那么，“动量交叉”的振荡指标模式又是怎么样的呢？请看图 12 - 4 所示，MACD 第二度死叉的时候，振荡指标 KD 也出现了相应的死叉，这就是强化了“动量交叉”的效果。

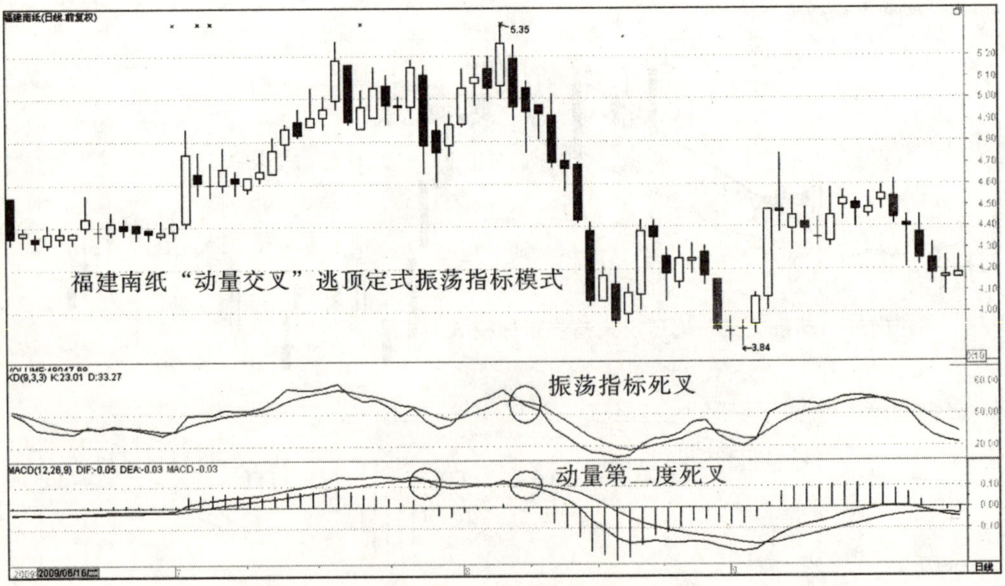

图 12 - 4　福建南纸“动量死叉”的振荡指标模式

福建南纸逃顶第五步

【"动量死叉"逃顶定式主力行为模式】

短期主力，或者说短期庄家在目前的股市中比较盛行，毕竟资金都在力求最高的收益率，而长期坐庄的资金机会成本太高。福建南纸出现"动量死叉"之前的主力行为模式比较明显，这就是拔高建仓，放量大涨之后，股价横盘整理而不下跌，说明是主力介入，而不是散户介入，然后股价一路缓慢爬升，最终横盘慢慢出货，这就是短庄的典型特征，如图 12－5 所示。主力的出货不可能不引发成交量的异动和动量指标 MACD 的移动，成交量的放大和 MACD 的两度死叉就是显著的特征。

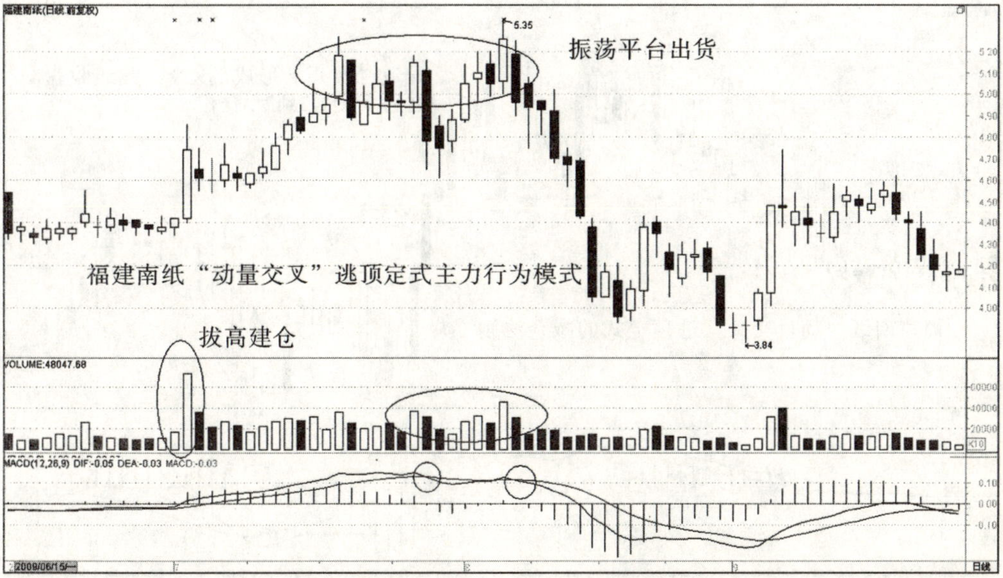

图 12－5 福建南纸"动量死叉"的主力行为模式

福建南纸逃顶第六步

【"动量死叉"逃顶定式的减仓法则】

福建南纸的"动量死叉"很容易就确认了，接下来的两步则涉及具体的逃顶操作，第一步是减仓，请看图 12-6 所示。导致第二次死叉形成的 K 线收盘之后就应该卖出 1/2 到 2/3 的仓位，可以选择在该线收盘前两分钟内卖出，也可以选择在下一根 K 线开盘的时候卖出，这个根据个人的选择。

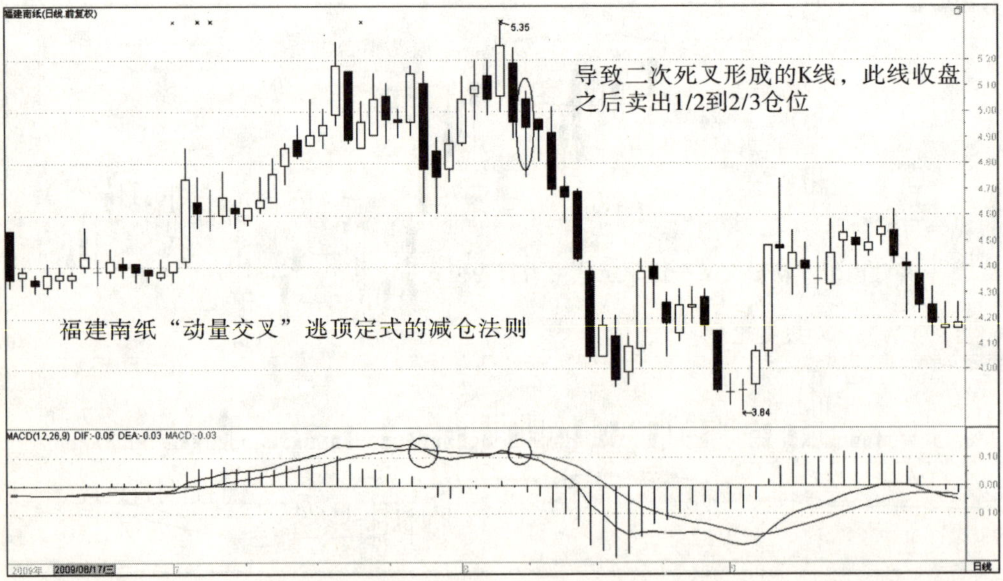

图 12-6　福建南纸"动量死叉"的减仓法则

福建南纸逃顶第七步

【"动量死叉"逃顶定式的出场法则】

卖出部分仓位之后，以第二次"动量死叉"对应的最低价作为参照点，当股价跌破此价位时，卖出所有的仓位，如图12－7所示，此后不久福建南纸的股价跌破了最低价，于是清仓卖出。

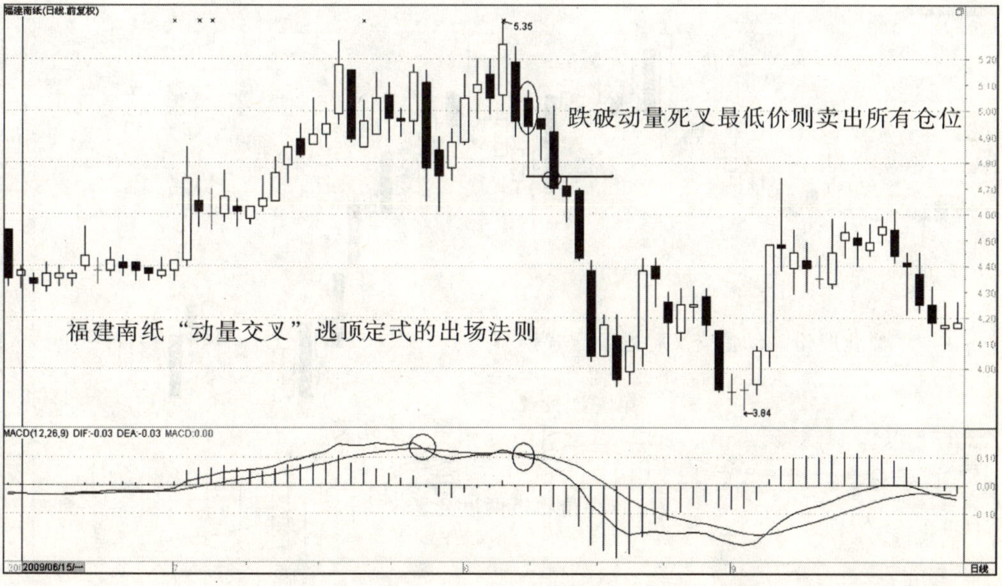

图12－7　福建南纸"动量死叉"的出场法则

黑化股份逃顶第一步

【“动量死叉”逃顶定式模型】

我们再来看一个利用“动量死叉”逃顶的实例，这是黑化股份，如图 12－8 所示，当股价在高位的时候，动量 MACD 连续两次死叉则基本满足了“动量死叉”的逃顶定式模型。当然，两次死叉一般是有一次短暂的金叉的，这个是需要澄清的一点，关键两次死叉必须靠得很近，你持股上涨到一定程度的时候就需要查看是否出现了两次动量死叉的情况，这是一个非常明晰的逃顶信号。

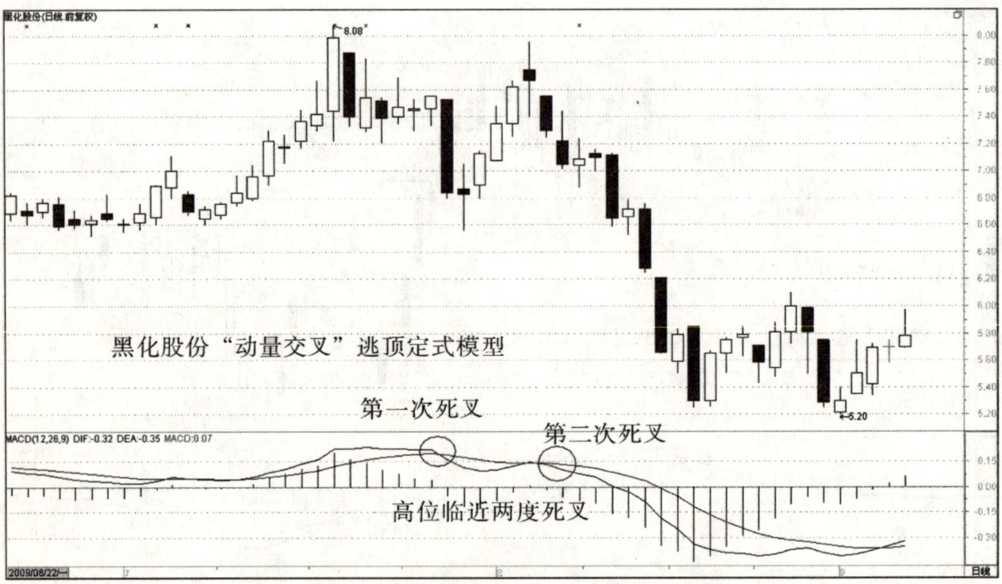

图 12－8　黑化股份的“动量死叉”

黑化股份逃顶第二步

【"动量死叉"逃顶定式价量模式】

第二步是查看黑话股份的两度动量死叉之间是否出现了阶段性天量，如图13－9所示，在两个MACD高位死叉之间却好似成交量放出了较大的天量，而且对应于第二个死叉的K线组合是"黄昏之星"，这就是使得后市看跌的权重增加了。

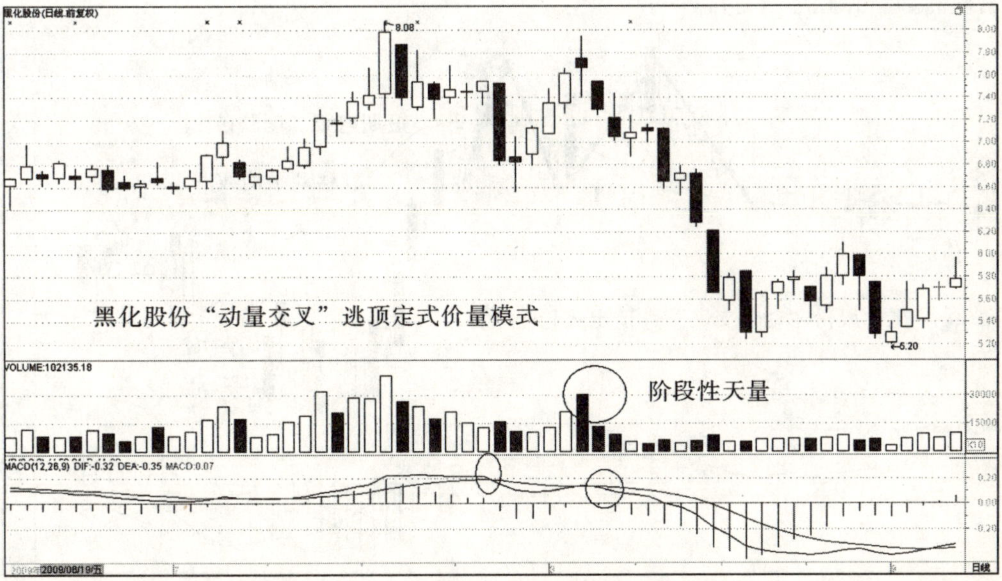

图12－9　黑化股份"动量死叉"的价量模式

黑化股份逃顶第三步

【“动量死叉”逃顶定式趋势指标模式】

第三步查看黑化股份的趋势指标模式，请看图 12－10，在两度死叉之前，股价两度跌破 21 日移动平均线，这就从趋势上表明了后市继续下跌的可能性。这里面其实也隐藏着“技术指标二度信息”的原理。

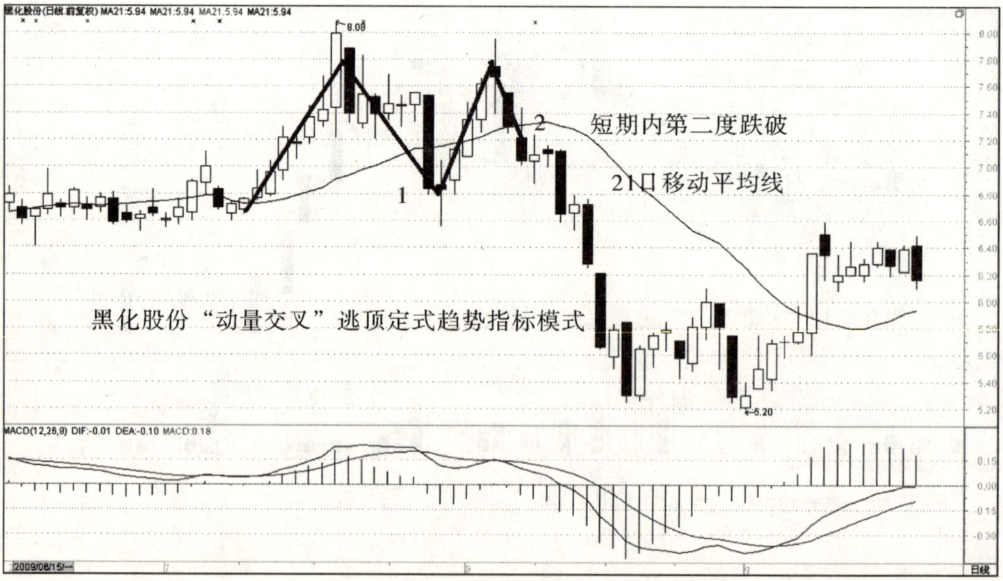

图 12－10　黑化股份“动量死叉”的趋势指标模式

黑化股份逃顶第四步

【“动量死叉”逃顶定式振荡指标模式】

黑化股份出现“动量死叉”时，振荡指标也有相应的动作，具体而言就是动量第二次死叉的时候，振荡指标也同步出现了死叉，这就加强了 MACD 带来的信息可靠度，如图 12－11 所示。

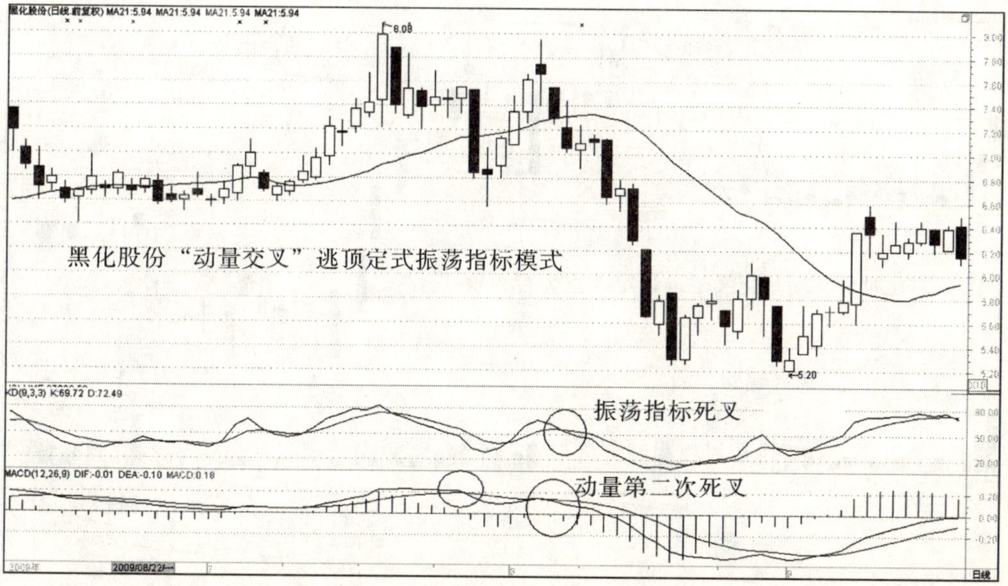

图 12－11　黑化股份“动量死叉”的振荡指标模式

黑化股份逃顶第五步

【“动量死叉”逃顶定式主力行为模式】

黑化股份也是一个短期主力在里面，请看图 12－12 所示，主力拔高建仓，高拉高打，迅速做完一把短期行情，到了高位迅速卖出，所以见到放量，此后虽然再度拉升，但是很快又再出货，所以股价触及前高就立即下跌，后市下跌很正常。

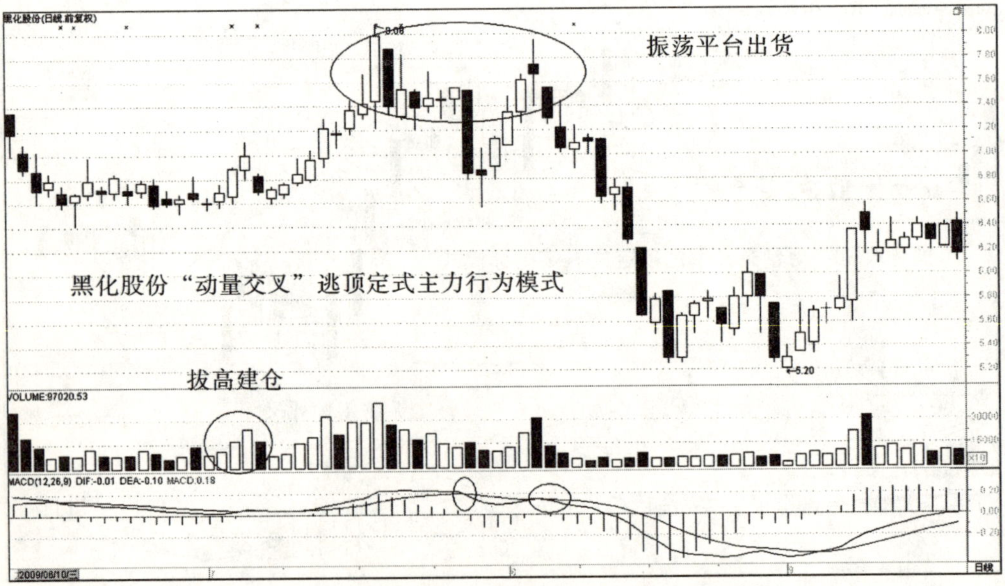

图 12－12　黑化股份“动量死叉”的主力行为模式

黑化股份逃顶第六步

【“动量死叉”逃顶定式的减仓法则】

黑化股份第二次死叉形成的K线收盘前两分钟之内卖出1/2到2/3的仓位，当然也可以在次日开盘时减仓，如图12－13所示。这里面的操作都比较死板的，照着图例中的示范去操作即可，经验比理论重要，有理论指导的经验则更重要。

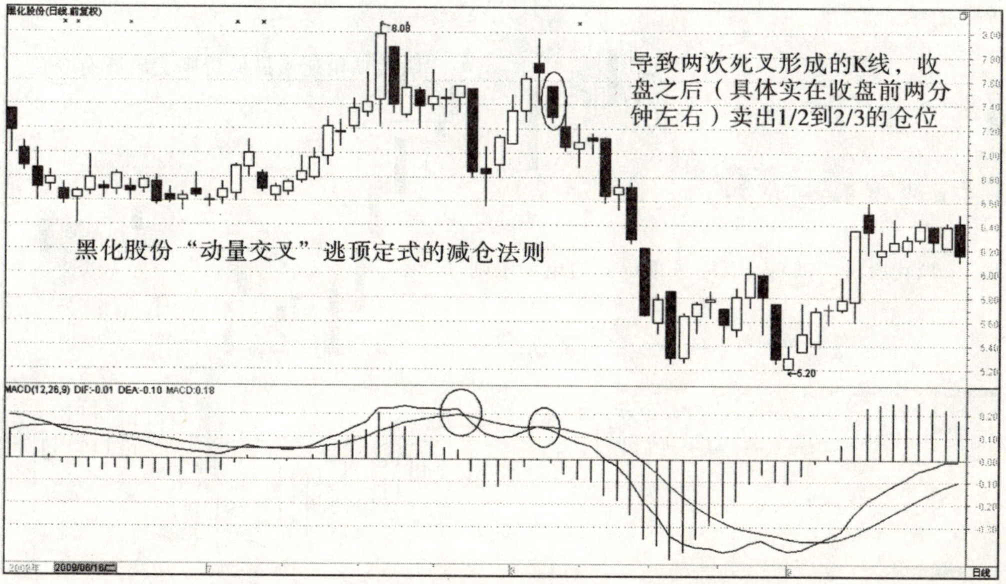

图12－13　黑化股份“动量死叉”的减仓法则

黑化股份逃顶第七步

【“动量死叉”逃顶定式的出场法则】

根据减仓法则卖出部分黑化股份之后，马上以第二次死叉对应的 K 线最低价作为基准，当此后股价跌破此基准线时卖出剩下仓位，如果没有跌破则继续持仓，如图 12－14 所示。为什么不在减仓信号的时候全部卖出，非要等到股价跌得更低的时候才卖出？很多散户都有这样的疑问，其实这里面暗含一个假设：我们不可能准确预测市场下一步肯定会干啥，我们只能折中地跟随市场，凡事留下退路为好，这就是短线炒股的“中庸之道”！

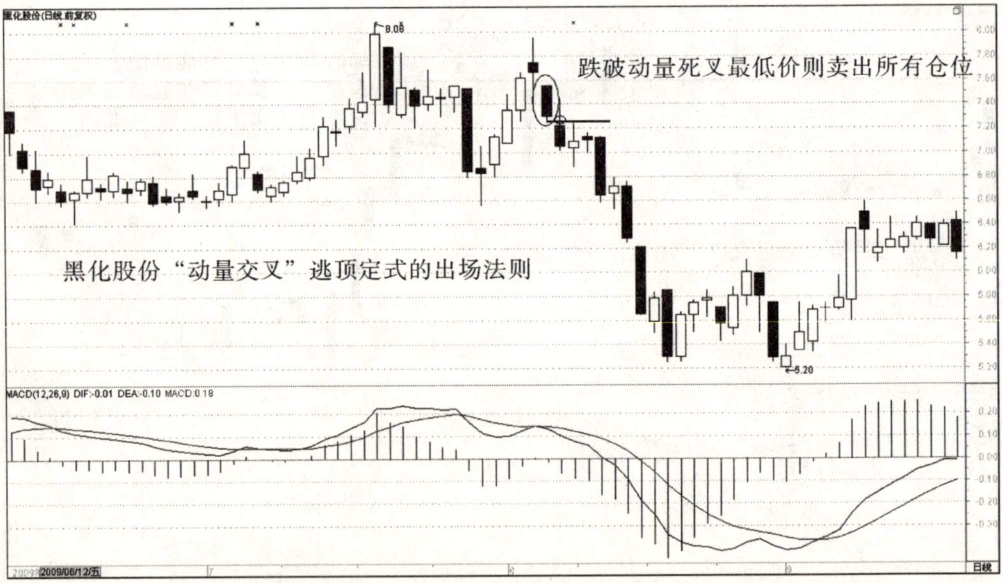

图 12－14　黑化股份“动量死叉”的出场法则

◇　完美逃顶"真传一句话"秘籍

逃顶的时候要注意市场反复告诉你的信息，市场如果用两个渠道向你发出警告，你就需要注意，市场如果重复两个相同的信号，则你也要注意。

逃顶实操全记录

（请你动脑和动笔运用本招的要诀在近期 A 股中实践逃顶理论）

股票名称或者代码

分析和操作日期

逃顶第一步　"动量死叉"逃顶定式模型

逃顶第二步　"动量死叉"逃顶定式价量模式

逃顶第三步　"动量死叉"逃顶定式趋势指标模式

逃顶第四步　"动量死叉"逃顶定式振荡指标模式

逃顶第五步　"动量死叉"逃顶定式主力行为模式

逃顶第六步　"动量死叉"逃顶定式的减仓法则

逃顶第七步　"动量死叉"逃顶定式的出场法则

操作结果和总结

新书推介：

路灯读书会
我们提供知识，照亮您前进的路

《吴国平操盘论道五部曲》系列丛书

作者简介：

吴国平，著名私募基金经理，人称“少帅操盘手”，股市的战略家、著名财经评论家、曾被《理财周报》评为“中国理财年度人物”。2006 年 5 月推出“2008 版奥运牛市宣言”，发表中国股市在全流通及奥运的背景下牛市已具备条件且已经启动的论断，在业内引起轰动，媒体给予“2008 牛市宣言第一人”的称号。2006 年 9 月初至 10 月底在金证股份（600446）子公司举办的“金股信操盘纪实”大赛中，以两个月超 150%收益的成绩夺得冠军。曾作为特邀嘉宾做客北京电视台、深圳电视台、浙江卫视、新浪、和讯等各大卫视及著名财经网站，并在《证券时报》、《上海证券报》、《南方日报》等报刊开辟过专栏，其观点与思想更是不时见诸各大重量级报刊，如《瞭望东方周刊》、《三联生活周刊》、《第一财经日报》等，在市场具有相当影响力。

欢迎免费加入路灯读书会，您有机会：

1.参加本读书会组织的免费培训课程；

2.参加本读书会组织的投资报告会、理财沙龙等活动；

3.与知名投资家面对面沟通交流。

咨询电话：13631306025

邮购及预订电话：

13631306025